T V S C V L I N V M ✲ weil wir unseren Freunden Muße gönnen

Tusculinum – Frivoles, Komisches und Philosophisches aus der antiken Literatur.
Die Reihe Tusculinum ist die kleine Schwester der Sammlung Tusculum, die seit 1923 erscheint und die umfangreichste Sammlung zweisprachiger Textausgaben im deutschen Sprachraum ist.

Aristophanes

Lysistrate & Frauen beim Thesmophorienfest

Aus dem Griechischen
übersetzt und
herausgegeben von
Niklas Holzberg

AKADEMIE VERLAG

Wissenschaftliche Beratung der Reihe
Niklas Holzberg
Rainer Nickel
Karl-Wilhelm Weeber
Bernhard Zimmermann

Für Maximilian Maier

Originaltitel:
Lysistrate & Thesmophoriazusai (griech.)

Bibliografische Information der Deutschen Nationalbibliothek
Die Deutsche Nationalbibliothek verzeichnet diese Publikation in der Deutschen Nationalbibliografie; detaillierte bibliografische Daten sind im Internet über http://dnb.d-nb.de abrufbar.

www.akademie-verlag.de

Umschlaggestaltung und grafisches Konzept: Gabriele Burde, Berlin
Satz: Dörlemann Satz, Lemförde
Printed in Austria
Druckerei Theiss GmbH, Am Gewerbepark 14, A-9431 St. Stefan

Dieses Papier ist alterungsbeständig nach DIN/ISO 9706.

ISBN 978-3-05-005275-5

Inhalt

EINFÜHRUNG

Zu Text und Übersetzung

Lysistrate und *Frauen beim Thesmophorienfest* (griech. *Thesmophoriázusai*, deshalb auch einfach *Thesmophoriazusen* genannt) sind zwei der elf von Aristophanes erhaltenen Stücke. Wer das Griechisch der Originale nicht versteht, pflegt sie im deutschen Sprachraum in Versübersetzungen zu lesen; dabei gibt man meist denjenigen Ludwig Seegers von 1844–1848 den Vorzug. Dort wird dem Leser eine metrisch getreue Umformung der griechischen Verse sowohl in den Szenen, wo Schauspieler agieren, als auch in den Chorpartien geboten. Sie beinhalten daher zwangsläufig viele sprachliche Freiheiten gegenüber der Vorlage, und da überdies das facettenreiche Attisch des Aristophanes etwas gewaltsam in die Einheitsdiktion der klassizistischen deutschen Dichtersprache transformiert ist, erfüllt Seegers Text nicht mehr die Anforderungen, die man heute an die Übertragung eines antiken Werkes stellt. Außerdem haben erst philologische Untersuchungen aus jüngerer Zeit die Basis dafür geschaffen, dass verlässliche textkritische Aristophanes-Ausgaben entstanden; die Namen der Forscher Jeff Henderson, Alan Sommerstein und Nigel Wilson seien hier hervorgehoben. Diese Ausgaben wiederum dienten mehreren Prosaübersetzungen in verschiedenen Sprachen als Vorlage, und an diese Tradition knüpfen auch die beiden vorliegenden Verdeutschungen an.
Eine Aristophanes-Übertragung in Prosa gibt unter anderem die Möglichkeit, die vielen darin offen und versteckt enthaltenen Obszönitäten so wörtlich, wie es geht, wiederzugeben und nicht, wie es bisher stets geschehen war, bis zur Unkenntlichkeit zu umschreiben oder gar zu eliminieren. Nur einen Eindruck kann man freilich von bestimmten Textpassagen geben, welche die *Lysistrate* enthält: von den Versen, die in diesem Stück Spartanern in den Mund gelegt und deshalb nicht im io-

nisch-attischen, sondern in einem (natürlich aristophanisch eingefärbten) dorischen Dialekt verfasst sind. Seeger hatte an dessen Stelle Schwäbisch gesetzt, aber da mir scheint, dass zu derbkomischer Diktion das Altbairische besser passt, habe ich, der ich die Hervorhebung des auf Dorisch Gesagten für unbedingt notwendig halte, mich für die Mundart der südlichen Hälfte des Freistaates entschieden.
Aristophanes in Prosa zu übersetzen erschien mir jedenfalls als das optimale Verfahren. Dabei habe ich mich allerdings auf die von den Schauspielern gesprochenen Szenen beschränkt. Denn nicht nur die spartanischen Passagen des Originals sollten, wie ich glaube, in einer Verdeutschung eine Entsprechung haben, sondern auch die Rezitative des Chorführers und die Lieder des Chors. Letztere werden hier freilich nicht exakt in den von Aristophanes gewählten Versmaßen wiedergegeben, sondern ich entschied mich, angeregt durch Wolfgang Schadewaldts *Lysistrate*-Übertragung von 1963, für eine Kompromisslösung, die auf folgender Gegebenheit beruht: Im Original haben die einzelnen Abschnitte von Chorliedern stets einen bestimmten metrischen Grundcharakter; so überwiegt zum Beispiel in einigen das jambische Element. Nun sind sowohl der Jambus als auch der Trochäus Versmaße, die in einer gehobenen deutschen Prosa durchaus immer wieder anklingen; ja sogar den Rhythmus des Anapästs, den Aristophanes neben Jamben und Trochäen verwendet, hat die deutsche Satzmelodie gelegentlich aufzuweisen. Also habe ich nach Maßgabe der Vorlage die einzelnen Chorlieder jeweils einheitlich oder in einem Mischverfahren jambisch, trochäisch oder anapästisch übersetzt. Für die Rezitative des Chorführers dagegen verwendete ich im Deutschen jeweils das dem Original entsprechende Versmaß.
Auch bei meinen metrischen Verdeutschungen habe ich darauf geachtet, dass die Sprache sich nicht wesentlich von der heute

in literarischen Texten geschriebenen entfernt; ich konnte meist sogar denkbar nahe am Wortlaut der Vorlage bleiben. Ein wenig stilisiert habe ich dagegen ganz bewusst eine Reihe metrischer deutscher Verse als Entsprechung zu griechischen, in denen Aristophanes den pathetischen Tonfall der zeitgenössischen Tragödie parodiert. Dies gilt gleichfalls für die Verdeutschung der Hexameter des fingierten Orakels, das wir in V. 770 ff. der *Lysistrate* als Persiflage dieser Textsorte aus dem Munde der Protagonistin vernehmen. Wie immer ich in einzelnen Fällen verfuhr, so möchte ich doch eines betonen: Sowohl bei der Wiedergabe von Sprechversen als auch von Chorpartien war Treue gegenüber dem Originaltext für mich oberstes Gebot.

Was nun bei meinen Bemühungen herausgekommen ist, erhielt seinen letzten Schliff durch Verbesserungsvorschläge jüngerer Kollegen, mit denen ich meine beiden Übersetzungen im Rahmen je eines 2008 und 2009 an der Ludwig-Maximilians-Universität München veranstalteten Kolloquiums gründlich erörterte. Mein besonderer Dank gilt hier Tamara Eisenhut, Regina Höschele, Sven Lorenz, Stefan Merkle (der sich speziell um eine einheitliche und das allgemeine Verständnis nicht beeinträchtigende Schreibweise der altbairischen Passagen verdient machte), Margot Neger und Isabella Wiegand.

Einleitung

Die Komödien des Aristophanes (um 450 – nach 385 v. Chr.) und der zeitgenössischen Kollegen des Dichters werden mit gutem Grund als »politisch« bezeichnet. Damit ist aber nicht das Wort im heutigen Sinne gemeint, sondern in der Grundbedeutung des griechischen Adjektivs *politikós*. Es heißt »die Polis (= Stadtstaat) betreffend« und bezeichnet sehr genau die Thematik dieser Dramen. Zu Beginn des 5. Jahrhunderts v. Chr. in Athen entstanden und dort bis über den Anfang des 4. Jahrhunderts hinaus lebendig, orientiert sich die »Alte Komödie«, wie man sie in Unterscheidung von der »Mittleren« (ab etwa 400) und der »Neuen« (ab etwa 320) nennt, stofflich primär an der Vielfalt des Lebens in der Polis. Damit hängt in gewisser Weise zusammen, dass die Theaterstücke des Aristophanes nicht, wie es spätestens seit 320 v. Chr. in Athen zur Regel wurde und wie wir es noch heute von einem komischen Drama gewohnt sind, eine in sich geschlossene, linear auf ein Happy End hinauslaufende dramatische Handlung bieten. Stattdessen sehen wir hier eine Sequenz locker miteinander verbundener Szenen, die teilweise geradezu ein Eigenleben führen.

Das Geschehen kann zum Beispiel wie folgt in Gang gebracht werden: Aus Unzufriedenheit mit einer problematischen Situation Athens im politischen, kulturellen oder sozialen Bereich entwickelt der Protagonist, um die Lage zu ändern, einen komischen Plan und beginnt diesen sogleich in die Tat umzusetzen. Nachdem er aus einem Redewettkampf mit einem Kontrahenten oder mehreren Personen, denen sein skurriler Einfall und dessen Verwirklichung nicht behagen, als Sieger hervorgegangen ist, hat er auch schon sein Ziel erreicht. Das Stück ist dann aber noch nicht zu Ende, sondern es wird in einer Reihe amüsanter Episoden gezeigt, wie einerseits der Protagonist sich der positiven Resultate seines durch den komischen Plan ausgelösten Handelns erfreut, andererseits wie die Umwelt darauf reagiert. Und die letzte Szene präsentiert ein feuchtfröhliches Finale, in dem der »Held des Tages« triumphal seinen Erfolg feiert.

Ein komischer Plan liegt auch den beiden hier in Übertragung präsentierten Komödien *Lysistrate* und *Frauen beim Thesmophorienfest* (im Folgenden mit dem Originaltitel *Thesmophoriazusen* zitiert) zugrunde. Er wird, wie auch sonst, von einer einzelnen Person entwickelt, aber nicht von ihr allein realisiert: Im ersten Stück helfen mehrere Personen, im zweiten unterstützt ein Mann denjenigen, der den komischen Plan gefasst hat. Das könnte, wie gleich näher zu zeigen ist, mit den historischen Bedingungen zusammenhängen, unter denen *Lysistrate* und *Thesmophoriazusen* geschrieben wurden; dazu seien zunächst ein paar allgemeine Bemerkungen gemacht.

Die beiden Komödien wurden im ersten Drittel des Jahres 411 v. Chr. im Dionysostheater in Athen im Rahmen von Festveranstaltungen uraufgeführt, *Lysistrate* wahrscheinlich an den Lenäen im Januar, die *Thesmophoriazusen* an den Großen Dionysien im Frühjahr. Beide Stücke wenden sich an ihr Publikum vor dem Hintergrund einer Krisensituation des Stadtstaates innerhalb des von ihm seit 431 v. Chr. gegen Sparta geführten Peloponnesischen Krieges: Athen sah sich ernsthaft von der Unterwerfung durch den Gegner bedroht. Ursache dafür war die Katastrophe, zu der im Herbst 413 die Sizilienexpedition der Athener geführt hatte. Nach dem dort erlittenen Verlust eines großen Heeres, fast der gesamten Flotte, der besten Strategen und etwa eines Drittels der männlichen Bevölkerung erlebte die Polis überdies den Zustand der Dauerbelagerung: König Agis II. von Sparta hatte sich des nur 25 Kilometer entfernten Ortes Dekeleia bemächtigt, von wo aus er unter anderem die Nahrungszufuhr aus Euboia abschneiden und erst recht die Versorgung der Polis mit deren eigenen landwirtschaftlichen Produkten beeinträchtigen konnte. Aber der Wille der Athener, wieder aufzurüsten, damit der Sieg doch noch errungen werden könne, war ungebrochen, und entsprechende Aktivitäten verbanden sich mit mehr oder weniger offenen Bestrebungen, die demokratische Verfassung des Stadtstaates in eine oligarchische umzuwandeln. Das erfolgte dann auch im Sommer 411 durch einen Putsch.

Dieser Umsturz wurde in Männerbünden, den sogenannten Hetairien (von griech. *hetaîros* »Gefährte«), heimlich vorbereitet, und an einen derartigen Club politisch Gleichgesinnter erinnert in der *Lysistrate* eine Gruppe von Frauen, die unter der Leitung der Titelheldin den von ihr entwickelten komischen Plan in die Tat umsetzen: Aus mehreren hellenischen Stadtstaaten nach Athen gekommen, gewinnen sie alle Griechinnen dafür, sich ihren Männern zu verweigern, und bewirken dadurch, dass diese den Peloponnesischen Krieg beenden. Hier bildet die Frauengruppe die »Hetairie«, während sich in den *Thesmophoriazusen* ein Männerpaar, der Tragödiendichter Euripides und ein älterer (namenloser) Verwandter, zu einer »Miniatur-Hetairie« zusammentun, um aufgrund eines von Euripides gefassten komischen Plans eine Intrige gegen die Frauen Athens durchzuführen. Diese haben sich zur Feier eines Festes für die Göttin Demeter und ihre Tochter Persephone, den Thesmophorien, versammelt – Männer dürfen daran nicht teilnehmen – und wollen dort darüber beraten, ob Euripides, der sie ihrer Meinung nach in seinen Stücken schmäht und verleumdet, weiterleben darf oder sterben muss. Und der komische Plan des Euripides sieht vor, dass sich ein Mann in weiblicher Kleidung vor den Frauen für ihn verwendet und diese zum Freispruch überredet.

Sein Ziel, die »Begnadigung« durch die Athenerinnen, erreicht Euripides nicht durch die von ihm inszenierte Intrige – sie scheitert, und der Verwandte wird gefangen genommen –, sondern durch Versöhnung mit den Frauen kurz vor Schluss des Stücks, woraufhin er dann auch seinen Helfer befreien kann. Lysistrate dagegen gelingt die Realisierung ihres Plans, die Griechen zum Friedensschluss zu zwingen, gleich im ersten Anlauf. Sie wird ja auch von einem ganzen Heer von Frauen unterstützt, und diese veranstalten nicht nur einen Liebesstreik, sondern übernehmen auch durch einen regelrechten Staatsstreich die Macht in Athen: Sie okkupieren die Akropolis. Als dann ein hoher Würdenträger – er gehört zu einem Gremium von zehn Probulen (»Ratsherren«), einer Notstandsbehörde, von der man Anfang des Jahres 411 erwartete, sie werde sich besonders effektiv um die Rettung der vom Untergang bedrohten Polis, also vor allem um ihre militärische Stärkung bemühen – sich mit Hilfe skythischer Polizisten Zugang zur Akropolis verschaffen will, um aus der Staatskasse Geld zur Finanzierung des Krieges zu holen, wird er von den Frauen daran gehindert. Dem Auftritt des Probulen geht außer der Expositionsszene (V. 1-253), in der Lysistrate die Frauen auf die Durchführung des Liebesstreiks einschwört, der Einzug eines Chores voraus (V. 354-386), wie er im klassischen Drama der Athener stets nach der Eröffnung der Handlung durch die Schauspieler stattfindet. Im Falle der *Lysistrate* erscheinen, nachdem die Protagonistin und ihre Mitverschwörerinnen die Akropolis betreten haben, auf der leeren Bühne zwei Gruppen von Chorsängern: die der alten Männer Athens, die den Burgberg zurückerobern wollen, und die der alten Frauen Athens, die sie davon abhalten; wir erleben also, wie bei der von Lysistrate initiierten Streikaktion, einen Kampf des einen Geschlechts gegen das andere. Chorszenen wechselten in der Tragödie und Komödie Athens mit Schauspielerszenen und bewirkten, auch wenn die von den Chorsängern repräsentierte Gruppe fest ins Geschehen integriert war, eine Gliederung des Dramas, aus der sich später die uns vertraute Akteinteilung entwickelte. Das Singen und Agieren der alten Männer und Frauen in der *Lysistrate* steht allerdings in denkbar engem Zusammenhang mit der Spielhandlung. Denn die beiden Gruppen setzen in den »Entr'actes« ihre Konfrontation fort und vereinen sich erst vor der Szene, in der Lysistrate bei den Männern ans Ziel ihrer Intrige gelangt, zu einem einzigen Chor.

Wie bereits erwähnt, kann es bei Aristophanes zur Planerfüllung nach einem Streitgespräch des Protagonisten mit einem oder mehreren Gegnern seines Konzeptes kommen, weil der Protagonist in der Debatte den Sieg erringt. Auch Lysistrate schlägt in ihrem Wortwechsel mit dem Probulen (V. 387-613) diesen aus dem Feld, aber sie erreicht damit lediglich, dass die Männer die Akropolis nicht zurückerobern. Was noch zu tun bleibt, ist dies: einerseits die Frauen daran zu hindern, dass sie die Akropolis verlassen, um als »Streikbrecherinnen« mit ihren Männern zu schlafen, andererseits diesen deutlich zu verstehen zu geben, dass ihnen Sex tatsächlich nur dann gewährt werde, wenn sie zum Friedensschluss bereit sind. Wie Lysistrate und eine der Mitverschwörerinnen beide Aufgaben lösen, zeigt eine Sequenz besonders komischer und zugleich obszöner Szenen (V. 706-979): Auf eine längere Chordarbietung folgend (dazu später), demonstrieren sie nicht wie entsprechende Szenen in den meisten anderen der uns erhaltenen Komödien des Aristophanes, was sich aus der Planerfüllung für den Protagonisten ergibt, sondern machen diese erst endgültig möglich.

Verwirklicht wird der komische Plan in der *Lysistrate* dann in zwei eng zusammenhängenden Schlussszenen (V. 980-1215 und 1216-1321). Auch sie sind höchst amüsant, weil hier sowohl die Athener als auch die Spartaner, alle von »unheilbarer« Erektion geplagt, sich weniger von Lysistrates politischen Argumenten als von ihrem Bedürfnis nach Beendigung ihrer »Qual« zur Beendigung des Peloponnesischen Krieges bewegen lassen. Alles in allem entspricht also die dramatische Struktur in höherem Maße als bei den meisten anderen überlieferten Stücken des Aristophanes dem, was seit der Neuen Komödie und von da an bis ins 19. Jahrhundert zur Regel wird: einer geschlossenen Handlung mit Anfang, Mitte und Ende. Das gilt unter anderen Voraussetzungen auch für die nun näher zu betrachtenden *Thesmophoriazusen*.

Nachdem Euripides und sein Verwandter in den Eröffnungsszenen (V. 1-294) über einige Umwege zu dem Entschluss gekommen sind, dass der Verwandte sich in weiblicher Kleidung in die Versammlung der Frauen einschleichen soll, betreten diese die Bühne, um teils als einzelne Schauspielerinnen, teils als Chor zu agieren. In einem längeren Szenenkomplex (V. 295-570) imitieren die Frauen den Ablauf der nur von ihren Männern besuchten athenischen Volksversammlung, halten also Reden zum Tagesordnungspunkt »Euripides«, und hier ergreift dann als letzter der Verwandte das Wort. Es ist das erste Mal in dem Stück, dass jemand innerhalb der Bühnenfiktion eine Rolle und mithin »Theater im Theater« spielt. Diese Form des sogenannten Metatheaters begegnet uns noch mehrfach in den *Thesmophoriazusen*, und zwar dort, wo Personen der Handlung einzelne Szenen aus Euripides-Tragödien neu aufführen, um so ein bestimmtes Ziel zu erreichen. Immer wenn dabei Männer einen weiblichen Part übernehmen, spiegelt das die Wirklichkeit der Inszenierung im Dionysostheater wider: Dort ist es feste Regel, dass in Frauenrollen männliche Akteure auftreten, und so sind auch die Athenerinnen, die den Chor bilden, Athener in weiblichen Gewändern.

In den *Thesmophoriazusen* präsentiert der zwischen der »Volksversammlung« und einer längeren Chordarbietung platzierte Szenenkomplex (V. 571-784) eine Parodie auf den (nur fragmentarisch überlieferten) *Telephos* des Euripides von 431 v. Chr. Diesen Namen trägt in dem Drama ein König von Mysien, dem, als Achilleus ihn im Kampf verwundet hat, ein Orakel verkündet, nur der griechische Held könne ihn heilen. Telephos begibt sich daher im Habit eines Bettlers nach Argos, wo die Griechen gerade ihren Feldzug gegen Troja und Mysien planen, und hält vor den Heerführern eine Rede für Telephos. In den *Thesmophoriazusen* ist es der Verwandte des Euripides, der sich als Verkleideter in einer Versammlung für eine Person verwendet, indem er zugunsten des Euripides spricht. Dabei macht er sich jedoch verdächtig, indem er genau das tut, was dem Tragödiendichter von seinen Anklägerinnen vorgeworfen wird: Er verunglimpft das andere Geschlecht in mehrfacher Hinsicht, insbesondere mit der Behauptung, Frauen seien liebestoll. Das führt dann auch dazu, dass er als verkleideter Mann erkannt wird, und als ihm nun Gefahr droht, versucht er sich durch eine Geiselnahme zu retten.

Das wiederum erfolgt analog zu einer Szene im *Telephos:* Der König, ebenfalls enttarnt, ergreift Orestes, den kleinen Sohn des Heerkönigs Agamemnon, und flüchtet mit ihm an einen Altar, der ihm Asyl gewährt. Dadurch erreicht er Versöhnung und Heilung, doch seinem komischen Ebenbild bleibt dies versagt: Das Wickelkind einer der anwesenden Frauen, das der Verwandte an sich reißt, erweist sich als ein Weinschlauch, der wie ein Baby »angezogen« ist, und nach dessen »Schlachtung« ergeht es dem alten Mann schlecht. Man nimmt ihn gefangen, und ein Mitglied des Rats verurteilt ihn dazu, einen qualvollen Tod an einer Art von Marterpfahl zu erleiden. Also bemüht Euripides sich, ihn zu befreien, und dazu ist neues Intrigieren erforderlich, das dann auch die Rettung des Verwandten bewirkt, freilich erst im dritten Anlauf.

Was die auf den *Telephos* Bezug nehmenden Szenen der *Thesmophoriazusen* deutlich werden lassen, gilt für weite Teile der gesamten Komödie: Wer ihren Witz verstehen will, muss mit den Inhalten der Tragödien, auf die Aristophanes anspielt, einigermaßen vertraut sein. Für die zeitgenössischen Zuschauer dürfen wir das voraussetzen, namentlich im Falle der beiden Stücke, die Euripides mit dem Ziel der Befreiung seines Verwandten inszeniert. Denn *Helena* und *Andromeda* wurden im Jahre 412 v. Chr. und damit ein Jahr vor den auf 411 zu datierenden *Thesmophoriazusen* dargeboten, waren dem Publikum also vermutlich noch in guter Erinnerung. An der Wahl gerade dieser beiden Tragödien ist zudem höchst amüsant, dass der Dichter dort die Protagonistin jeweils positiv charakterisiert, so dass die Unterstellung der beim Thesmophorienfest zusammengekommenen Frauen, Euripides sei generell misogyn, zumindest implizit fragwürdig erscheint. All das wird ein moderner Leser, der noch keine nähere Bekanntschaft mit der griechischen Poesie des 5. Jahrhunderts v. Chr. gemacht hat, nicht von vornherein in jeder Hinsicht zu würdigen imstande sein. Aber er kann sich das wichtigste Hintergrundwissen aus Texterläuterungen verschaffen, wie sie auch die vorliegende Ausgabe enthält.

Diese Glossen brauchen nicht einmal sehr ausführlich zu sein, da Aristophanes reichlich für Situationskomik gesorgt hat, die durch sich selbst wirkt. Denn er hat die *Thesmophoriazusen* ebenso wie die *Lysistrate* mit einer langen Reihe deftiger und immer wieder obszöner Späße durchzogen, die jeder ohne weiteres versteht. In den *Thesmophoriazusen* werden sie besonders effektvoll in der Schlussszene eingesetzt, und für deren Verständnis ist die Bekanntschaft mit einer Tragödie nicht mehr erforderlich. Hier spielt sich, nachdem Euripides beim Versuch, seinen Verwandten zu befreien, mit den beiden Aktionen, die an der *Helena* und der *Andromeda* orientiert sind, gescheitert ist, ein dritte Intrigenhandlung ab. Sie besteht jetzt darin, dass Euripides, als Kupplerin verkleidet, mit Hilfe einer Tänzerin und eines Flötisten einen skythischen Polizisten, der den Verwandten des Dichters bewacht, erotisch stimuliert und ihn dafür gewinnt, mit dem Mädchen in das Bühnenhaus zu gehen; daraufhin kann er den alten Mann befreien. Was wir diesmal sehen, ist nicht wie in den zwei Szenen zuvor eine »Tragödie in der Komödie«, sondern eine »Komödie in der Komödie«, und das ist höchst amüsant, weil in ihr ein Tragödiendichter gewissermaßen Regie führt.

Wie die *Lysistrate* weichen die *Thesmophoriazusen* von dem bei Aristophanes mehrfach anzutreffenden Handlungsschema, das ich anfangs skizzierte, nicht unerheblich ab. Die dramatische Struktur des zweiten Stücks wird im Wesentlichen durch die Abfolge mehrerer Intrigenhandlungen konstituiert, wobei die letzten drei zwar der Episodensequenz am Ende eines Stücks entsprechen, aber wie in der *Lysistrate* nicht an die Planerfüllung durch den Protagonisten anknüpfen, sondern diese ermöglichen. Weil in den *Thesmophoriazusen* Teilaktionen aneinandergereiht werden, mag man dem Stück auf den ersten Blick bestreiten, dass es eine dramatische Einheit präsentiere. Aber jede Teilaktion ist mehr oder weniger Metatheater, und das schafft thematische Geschlossenheit.

Zum Metatheater gehört bei Aristophanes auch die Durchbrechung der Bühnenillusion. Der Dramatiker kann sie immer wieder einfach dadurch bewirken, dass die Zuschauer von im Stück agierenden Personen direkt angesprochen werden. Ausgiebig geschieht das in den fünf erhaltenen Komödien der Jahre 425–421 v.Chr. (*Acharner, Ritter, Wolken, Wespen, Frieden*) in einer Chorszene, die unmittelbar vor der zur Schlussszene überleitenden Episodensequenz platziert ist: in der Parabase. Auch in diesem Teil unterscheiden sich *Lysistrate* und *Thesmophoriazusen* von anderen Stücken des Aristophanes. In einer Parabase pflegen Chor und Chorführer »danebenzutreten« (griech. *parabaínein*), also sich außerhalb der Bühnenfiktion vernehmen zu lassen, indem sie als athenische Bürger im Namen des Dichters die Tagespolitik, die Poetik der

Alten Komödie und andere aktuelle Themen kommentieren. Obwohl die *Lysistrate* von der Krisensituation des Jahres 411 ihren Ausgang nimmt und somit Realitätsreferenz durch »Danebentreten« durchaus zu erwarten wäre, weicht Aristophanes hier (wie schon in den *Vögeln* von 414) von seiner bisherigen Praxis ab: Er lässt die beiden Chöre in der Szene, die der Parabase entspricht (V. 614-705), sich als Personen des Stücks artikulieren.

Auch in den *Thesmophoriazusen* setzen die als Frauen auftretenden Chorsänger die Bühnenaktion fort. Doch sie äußern dabei etwas, was in den frühen Stücken des Aristophanes jeweils eine wichtige Rolle spielt und einen Bezug zu aktuellem Geschehen herstellt: Spott über einzelne Personen. Durch diese Art von Witz konnten die Komödien des klassischen Athen sich politisch im engeren Sinne präsentieren. Denn sie machten sogar mächtige Staatsmänner zum Gegenstand von Satire. Es ist freilich unter den Erklärern der Stücke des Aristophanes umstritten, ob er durch Personenspott seine politische Meinung äußern und damit vielleicht sogar als »Lehrer der Nation« auftreten wollte oder Personenspott einfach nur als Teil der Erzeugung eines Lachens um des Lachens willen einsetzte. Die erste Möglichkeit scheidet im Falle der *Thesmophoriazusen* so gut wie ganz aus, da das Stück außer an den wenigen Stellen, wo Negatives über einzelne Athener gesagt wird, durchgehend ein literarisches Thema hat. Aber wie steht es mit der *Lysistrate*? Sie wird nicht zuletzt deswegen von allen Komödien des Aristophanes am häufigsten aufgeführt, weil man sie, wenn man will, im Sinne der modernen Ideen des Pazifismus und des Feminismus inszenieren kann. Doch beides war Aristophanes, der in den Kategorien einer patriarchalischen und Krieg nicht grundsätzlich ablehnenden Gesellschaft gedacht haben dürfte, gewiss gänzlich fremd. Was aber könnte er dann mit dem Stück aussagen wollen? Darüber kann man, weil wir über Leben und Meinungen dieses Mannes so gut wie nichts wissen, nur spekulieren. Man wird also, denke ich, gut daran tun, es offen zu lassen, ob er mit der *Lysistrate* so etwas wie Agitprop-Theater inszenieren oder lediglich sein zeitgenössisches Publikum amüsieren wollte.

Wenn es der *Lysistrate* noch heute immer wieder gelingt, das Interesse eines Regisseurs und seines Publikums zu wecken, beweist das auf jeden Fall: Aristophanes leistete mit dem zunächst nur für eine einzige Darbietung vor Bürgern Athens bestimmten Bühnenspiel auch einen Beitrag zur Weltliteratur. Die *Thesmophoriazusen* dagegen sind vor allem etwas für Feinschmecker, unter Kennern gelten sie nicht ohne Grund als die witzigste Komödie des Dichters.

Lysistrate

Personen

LYSISTRATE
KALONIKE
MYRRHINE
LAMPITO, eine Spartanerin
CHOR DER ALTEN MÄNNER
CHOR DER ALTEN FRAUEN
RATSHERR
ERSTE ALTE FRAU
ZWEITE ALTE FRAU
ERSTE FRAU
ZWEITE FRAU
DRITTE FRAU
VIERTE FRAU
KINESIAS aus Paionidai, Mann der Myrrhine
KIND des Kinesias und der Myrrhine
HEROLD der Spartaner
SPARTANISCHER GESANDTER
ERSTER ATHENISCHER GESANDTER
ZWEITER ATHENISCHER GESANDTER

Stumme Personen
Athenerinnen, die Thebanerin Ismenia, eine Korintherin, Spartanerinnen, Lysistrates skythische Sklavin, zwei Sklaven des Ratsherrn, vier skythische Bogenschützen, alte Frauen der Gruppe, die die Akropolis besetzt hat, Kinesias' Diener Manes, spartanische Gesandte, deren Sklaven, athenische Gesandte, die Göttin Versöhnung, Türhüter.

Straße in Athen nahe der Akropolis. Im Hintergrund die Häuser der Lysistrate[1] *und der Kalonike. Lysistrate tritt aus ihrem Haus, geht unruhig herum und blickt nach allen Seiten.*

LYSISTRATE. Ja, wenn jemand sie zu einem bakchischen Gelage eingeladen hätte oder zum Heiligtum des Pan oder zu dem der Genetyllis[2] in Kolias, kein Durchkommen wäre bei dem Gedränge mit den Tamburinen! Doch jetzt ist keine einzige Frau hier zur Stelle. *(Die Tür des Nachbarhauses öffnet sich.)* Außer dass meine Nachbarin dort herauskommt. *(Kalonike tritt auf.)* Sei gegrüßt, Kalonike!

KALONIKE. Auch du, Lysistrate! Warum bist du beunruhigt? Schau doch nicht finster, Kind! Das Stirnrunzeln steht dir nämlich nicht.

LYSISTRATE. Ach Kalonike, mir brennt das Herz, und ich ärgere mich sehr über uns Frauen. Denn bei den Männern gelten wir als zu allem fähig ...

KALONIKE. ... und sind es ja auch, beim Zeus!

LYSISTRATE. Doch wenn man ihnen sagt, sie sollen sich hier treffen, um über eine keineswegs unwichtige Angelegenheit zu beraten, dann schlafen sie und kommen nicht.

KALONIKE. Die werden kommen, Liebste. Ausgehen ist doch ein Problem für Frauen. Die eine von uns muss sich für ihren Mann krumm und bucklig machen, die andere einen Sklaven aufwecken, die wieder ihr Kind ins Bett bringen, die es waschen, die es Häppchen für Häppchen füttern.

LYSISTRATE. Aber es gäbe andere Dinge, die wichtiger wären für sie.

KALONIKE. Was ist es denn, liebe Lysistrate, wozu du uns Frauen zusammenrufst? Was ist das Ding? Wie groß ist es?

LYSISTRATE. Groß![3]

KALONIKE. Etwa auch dick?

LYSISTRATE. Auch dick, beim Zeus!

KALONIKE. Und wieso sind wir dann nicht da?

LYSISTRATE. Nicht von *der* Sorte! Dann wären wir nämlich schnell zusammengekommen! Nein, es ist ein Ding, das ich aufgespürt habe und womit ich mich in vielen schlaflosen Nächten herumgewälzt habe.

KALONIKE. Herumgewälzt? Dann ist es wohl jetzt ein labiles Ding?

LYSISTRATE. So labil[4] jedenfalls, dass des ganzen Griechenlands [30] Heil in den Händen der Frauen liegt ...

KALONIKE. In den Händen der Frauen? Dann ist es wenig, worauf es sich stützt.

LYSISTRATE. ... dass in unseren Händen das Geschick des Staates liegt: Entweder wird es keine Peloponnesier mehr geben ...

KALONIKE. Am besten wäre es allerdings, wenn es keine mehr gäbe, beim Zeus!

LYSISTRATE. ... und die Böotier werden alle zugrunde gehen ...

KALONIKE. Aber ja nicht alle, nein, mach eine Ausnahme mit den Aalen![5]

LYSISTRATE. Was Athen betrifft, will ich so was nicht beschreien, doch du verstehst schon, was ich damit sagen will. Wenn aber die Frauen hier zusammenkommen, [40] die von Böotien und die von der Peloponnes und wir, werden wir gemeinsam Griechenland retten.

KALONIKE. Aber was können Frauen wohl Sinnvolles oder Glanzvolles tun, wir, die wir herausgeputzt zu Hause sitzen, im safrangelben Kleid, geschminkt, mit kimbrischen Schleppgewändern und Schühchen?

LYSISTRATE. Genau das ist es, wovon ich mir die Rettung erwarte, die Safrankleider, Parfüms und Schühchen, das Rouge und die durchsichtigen Blusen.

KALONIKE. Ja wie denn das?

LYSISTRATE. So, dass keiner von den jetzt lebenden [50] Männern den Speer gegen seinesgleichen erhebt ...

KALONIKE. Ja, dann, bei den zwei Göttinnen,[6] werde ich mir ein Safrankleid färben lassen!

LYSISTRATE. ... noch einen Schild ergreift ...

KALONIKE. Ein kimbrisches werde ich anziehen!

LYSISTRATE. ... noch auch ein winziges Schwert.

KALONIKE. Ich werde mir Schühchen kaufen!

LYSISTRATE. Sollten die Frauen also nicht jetzt hier sein?

KALONIKE. Nicht jetzt, beim Zeus – schon längst hätten sie geflogen kommen müssen!

LYSISTRATE. Wirst sehen, meine Liebe, sie sind ganz und gar athenisch und tun alles, nur zu spät. Doch auch vom Küstenland ist keine einzige Frau da, und auch nicht aus Salamis.

KALONIKE. Ach, die haben bestimmt [60] ihre Ruderer schon in aller Frühe bestiegen.[7]

LYSISTRATE. Auch die, bei denen ich erwartet und damit gerechnet hätte, dass sie als erste hier erscheinen würden, die Acharnerfrauen, sind nicht gekommen.

KALONIKE. Auf jeden Fall hat die Frau des Theogenes alle Segel gesetzt, um hierherzugehen. Doch sieh nur, da kommen einige herbei!

LYSISTRATE. Und dort kommen einige andere.

(Mehrere Frauen betreten von beiden Seiten die Bühne.)

KALONIKE *(rümpft die Nase)*. Ah, pfui, woher sind die?

LYSISTRATE. Aus Mistien.[8]

KALONIKE. Ja, beim Zeus, mir scheint, es ist wirklich Mist aufgewühlt[9] worden.

MYRRHINE. Wir sind doch nicht zu spät gekommen, Lysistrate? [70] Was sagst du? Warum schweigst du?

LYSISTRATE. Ich finde es nicht gut, Myrrhine, dass du bei einer so wichtigen Sache jetzt erst kommst.

MYRRHINE. Nur mit Mühe fand ich im Dunkeln meinen Gürtel. Doch wenn es wirklich dringend ist, sprich doch zu denen von uns, die da sind!

LYSISTRATE. Nein, beim Zeus, lass uns warten – es geht ja nur um Minuten –, bis die Frauen aus Böotien und der Peloponnes kommen.

MYRRHINE. Ja, das ist ein viel besserer Vorschlag. Und schau, da kommt schon Lampito.

(Lampito und andere Spartanerinnen sowie die Thebanerin Ismenia und eine Korintherin treten auf.)

LYSISTRATE. Lampito, liebste Spartanerin, sei gegrüßt! Wie deine Schönheit erstrahlt, süße Freundin! [80] Was für eine gesunde Farbe du hast, und wie dein Körper vor Kraft strotzt! Du könntest einen Stier erwürgen!

LAMPITO. Freili, des glaub i aa, bei die zwoa Götter![10] I mach halt mei Gymnastik, und wenn i hupf, dann kumm i nauf bis zum Arsch mit meine Fiaß.[11]

KALONIKE *(fasst Lampito an die Brust)*. Was für ein schönes Paar Titten du hast!

LAMPITO. Wia a Opfertier langts ihr mi o.

LYSISTRATE *(zeigt auf Ismenia)*. Und wo kommt dieses andere Mädchen her?

LAMPITO. Bei die zwoa Götter, die kummt zu eich, durch dass's Böotien rebresadiert.

MYRRHINE *(wirft einen Blick in Ismenias an der Seite offenes Kleid)*. Ja, Böotien repräsentiert sie, beim Zeus, mit ihrem schönen Unterland!

KALONIKE. Und sehr fein, beim Zeus, ist bei ihr das Unkraut ausgerupft.

LYSISTRATE. [90] Wer ist das andere Mädchen?

LAMPITO. A Adlige is die, bei die zwoa Götter, a Korintherin.

KALONIKE *(zeigt auf Bauch und Gesäß der Korintherin)*. Ja, beim Zeus, man sieht deutlich: Das hier und das da ist nicht von schlechten Eltern![12]

LAMPITO. Aber jetz: Wer hat die Weibergsellschaft da zsammagholt?

LYSISTRATE. Ich hier!

LAMPITO. Dann sag, was d' vo uns wuist!

MYRRHINE. Ja, beim Zeus, liebe Frau, sag schon das Wichtige, was du da hast!

LYSISTRATE. Ich will es jetzt sagen. Aber bevor ich es sage, will ich euch diese kleine Frage stellen ...

MYRRHINE. Wie du willst.

LYSISTRATE. Sehnt ihr euch nicht nach den Vätern eurer Kinder, die weit fort sind beim Heer? Ich weiß doch genau, dass ihr alle einen Mann habt, der fern von zu Hause weilt.

MYRRHINE. Mein Mann jedenfalls, Liebes, ist schon fünf Monate lang weit fort in Richtung Thrakien und passt auf Eukrates[13] auf.

KALONIKE. Und meiner ist schon ganze sieben Monate in Pylos.[14]

LAMPITO. Und der meinige, wenn er doch amal ausm Feld kummt, glei packt er sein Schuid, und furt is er.

KALONIKE. Ja, nicht der Schatten eines Trösters ist übrig geblieben! Denn seit die Milesier von uns abgefallen sind, habe ich nicht einmal einen 15-Zentimeter-Dildo gesehen, der uns ledernen Notdienst leisten könnte.[15]

LYSISTRATE. Wäret ihr nun, wenn ich ein Mittel fände, bereit dazu, zusammen mit mir dem Krieg ein Ende zu machen?

KALONIKE. Ich wäre bereit, bei den zwei Göttinnen, auch wenn ich heute noch diesen Mantel hier versetzen und – vertrinken müsste![16]

MYRRHINE. Und ich wäre sogar bereit, mich wie eine Flunder entzweischneiden zu lassen und meine eine Hälfte herzugeben![17]

LAMPITO. Und i daad direkt aufn Taygetos-Berg[18] kraxln, wenn i vo dort an Friedn seng kannt!

LYSISTRATE. Ich will es jetzt sagen. Denn mein Plan darf nicht verborgen bleiben. Also, wir müssen, ihr Frauen, wenn wir die Männer zwingen wollen, in Frieden zu leben, uns fernhalten ...

MYRRHINE. Wovon? Sprich!

LYSISTRATE. Ihr werdet es also tun?

MYRRHINE. Wir werden es tun, auch wenn wir sterben müssen! *(Die anderen Frauen nicken zustimmend.)*

LYSISTRATE. Also, fernhalten müssen wir uns – vom Schwanz. *(Die Frauen wenden sich empört ab und laufen auseinander.)* Warum kehrt ihr mir den Rücken zu? Wo geht ihr hin? He, ihr da, warum verzieht ihr den Mund und schüttelt die Köpfe?
Warum erbleicht ihr? Warum quillt die Träne euch?
Tut ihr es oder tut ihr's nicht? Was zögert ihr?[19]

KALONIKE. Das kann ich nicht tun. Der Krieg soll weitergehen.

MYRRHINE. [130] Beim Zeus, ich auch nicht. Der Krieg soll weitergehen.

LYSISTRATE. Das sagst du, du Flunder? Und eben hast du noch erklärt, du seist bereit, dich in zwei Hälften schneiden zu lassen!

MYRRHINE. Alles andere, alles sonst, was du willst. Und wenn es sein muss, durchs Feuer will ich gehen! Lieber das als den Schwanz ...! Denn nichts ist so wie er, liebe Lysistrate!

LYSISTRATE. Und was ist mit dir?

KALONIKE. Auch ich will durchs Feuer gehen!

LYSISTRATE. Oh! Durch und durch verfickt ist unser ganzes Geschlecht! Kein Wunder, dass es in den Tragödien um uns geht! Wir sind nichts weiter als »Poseidon und der Zuber«.[20] [140] Doch wenn du, liebe Spartanerin, nur du zu mir hältst, können wir die Sache noch retten. Stimme mir zu!

LAMPITO. Bei die zwoa Götter, es is scho schwar für d'Weiber, so ganz alloa schlaffa, ohne a steifs Bibberl! Aber freili, an Friedn, den braucht's scho!

LYSISTRATE. Ach Liebste, du bist die einzige richtige Frau unter allen diesen hier!

MYRRHINE. Aber wenn wir uns nun so weit wie möglich enthalten von dem, den du meinst – was Gott verhüte! –, kann es deshalb eher zum Frieden kommen?

LYSISTRATE. Viel eher, bei den zwei Göttinnen! Wenn wir nämlich geschminkt zu Hause säßen [150] und in unseren durchsichtigen Hemdchen an ihnen vorbeiliefen, halbnackt und unten in Dreiecksform gezupft, die Männer dann einen Steifen hätten und geil aufs Vögeln wären, wir sie aber nicht heranließen, sondern uns enthielten, dann würden sie schnell Frieden schließen – das weiß ich genau.

LAMPITO. Der Menelaos, ja freili, wia a d'Äpfe vo da nackerten Helena nur a bissl vo der Seitn gseng hat, da hat er, glaub i, sei Schwert weggschmissn.[21]

MYRRHINE. Aber was, wenn die Männer uns links liegen lassen, meine Liebe?

LYSISTRATE. Dann heißt es – frei nach Pherekrates – *(deutet mit dem Finger auf ihren Unterleib)* dem ledernen Hund die Lederhaut abwetzen.[22]

MYRRHINE. Humbug ist doch das, was das Echte nur nachmacht! [160] Doch wenn sie uns packen und uns mit Gewalt ins Schlafzimmer schleppen?

LYSISTRATE. Dann halte du dich an der Tür fest.

MYRRHINE. Und wenn sie uns schlagen?

LYSISTRATE. Dann müsst ihr es geben, aber schlechter als schlecht. Kein Spaß ist ja dabei, wenn es erzwungen wird. Und ihr müsst es ihnen auch sonst verleiden. Keine Sorge – sehr schnell werden sie die Lust daran verlieren. Denn niemals wird ein Mann Befriedigung erlangen, wenn das der Frau nicht passt.

MYRRHINE. Wenn euch beiden dies recht ist, stimmen wir zu. *(Die anderen Frauen nicken zustimmend.)*

LAMPITO. Und unsere Mannsbilder werdn ma scho dazua bringa, dass s' ganz in Ehrn und ohne Arglist Friedn haltn.

Aber bei deine Athener, wia werdn ma da des Gschwerl[23] dazua bringa, dass s' koan Schmarrn ned ostelln?

LYSISTRATE. Keine Sorge – was uns betrifft, wir werden das schon durchsetzen.

LAMPITO. Ned, solang wia eire Kriagsschiff' no Fiaß habn[24] und haufenweis des Geld bei eirer Göttin liegt.[25]

LYSISTRATE. Oh, auch dafür ist gut vorgesorgt worden. Denn wir werden heute die Akropolis besetzen. Den ältesten Frauen ist nämlich aufgetragen, dies zu tun, während wir uns hier einigen: unter dem Vorwand, sie wollten opfern, die Akropolis zu besetzen.

LAMPITO. Des is scho ois guat aso und aa a guate Idee vo dir.

LYSISTRATE. Wie wäre es also, Lampito, wenn wir so schnell wie möglich darauf schwören, damit es unverbrüchlich ist?

LAMPITO. Sag uns den Eid vor, nacha schwörn ma 'n.

LYSISTRATE. Gut gesagt! *(Ruft zurück in ihr Haus.)* Wo ist die Skythin?[26] *(Eine Sklavin kommt mit einer Weinschale heraus und sieht verwirrt in die Runde.)* Wohin glotzt du? Leg den Schild auf dem Rücken vor uns hin, *(die Sklavin folgt der Anweisung)* und man gebe mir die abgeschnittenen Opferstücke.[27]

MYRRHINE. Lysistrate, was für einen Eid wirst du uns schwören lassen?

LYSISTRATE. Was für einen? Diesen: In einen Schild hinein, wie – so sagt man – einst Aischylos, »Schafopfer schlachtend«.[28]

MYRRHINE. Lysistrate, schwör nicht in einen Schild hinein, wenn es um einen Frieden geht!

LYSISTRATE. Was für ein Schwur soll es denn dann sein?

MYRRHINE. Wie wär's, wenn wir von irgendwoher ein weißes Pferd[29] nähmen und es als Schlachtopfer in Stücke schnitten?

LYSISTRATE. Wo denkst du hin? Weißes Pferd!

MYRRHINE. Aber wie sollen wir dann schwören?

LYSISTRATE. Beim Zeus, ich werde es dir sagen, wenn du willst. Wir stellen einen großen schwarzen Becher verkehrt herum auf den Boden, schlachten darüber ein Fässchen Thasierwein und schwören, kein Wasser in den Becher zu gießen.

LAMPITO. Mei, schee! I ko gar ned sagn, wia mia des taugt!

LYSISTRATE. Man bringe einen Becher von drinnen und ein Fässchen! *(Die Skythin bringt die Weinschale ins Haus und kehrt zurück mit einem Humpen und einem Weinfass. Die Frauen stellen sich um beides herum.)*

MYRRHINE. O liebste Frauen, welch gewaltige Töpferei!

KALONIKE *(ergreift den Humpen)*. Den nur anzufassen macht schon Spaß!

LYSISTRATE. Stell ihn auf die Erde *(Kalonike tut dies.)* und fass mir an – das Eberschwein! *(Alle Frauen berühren das Fass, und Lysistrate betet.)* O Herrin Überredung, o Kelch der Freundschaft, sei den Frauen hold und nimm dieses Opfer an! *(Gießt Wein aus dem Fass in den Humpen.)*

MYRRHINE. Von guter Farbe ist das Blut und sprudelt fein heraus!

LAMPITO. Und riacha duads aa guat, beim Kastor!

KALONIKE. Lasst als erste mich, ihr Frauen, – schwören!

MYRRHINE. Nein, bei Aphrodite, wenn du nicht das erste Los gezogen hast.[30]

LYSISTRATE. Lampito, ihr alle, fasst den Becher an. *(Sie tun es.)* Es spreche für euch eine nach, was ich sage, ihr aber werdet dann Folgendes schwören und bekräftigen: Keiner, weder ein Liebhaber noch ein Ehemann ...

MYRRHINE. Keiner, weder ein Liebhaber noch ein Ehemann ...

LYSISTRATE. ... soll mir nahen mit steifem Schwanz. Sag schon!

MYRRHINE. ... soll mir nahen mit steifem Schwanz. O je! Mir werden die Knie weich, Lysistrate!

LYSISTRATE. Zu Hause leben will ich gänzlich unberührt, ...

MYRRHINE. Zu Hause leben will ich gänzlich unberührt, …

LYSISTRATE. … im Safrankleid und schön zurechtgemacht, …

MYRRHINE. … im Safrankleid und schön zurechtgemacht, …

LYSISTRATE. … damit mein Mann heftig brenne vor Verlangen nach mir, …

MYRRHINE. … damit mein Mann heftig brenne vor Verlangen nach mir, …

LYSISTRATE. … und niemals will ich mich freiwillig meinem Manne hingeben.

MYRRHINE. … und niemals will ich mich freiwillig meinem Manne hingeben.

LYSISTRATE. Wenn er mich aber gegen meinen Willen vergewaltigt mit Gewalt, …

MYRRHINE. Wenn er mich aber gegen meinen Willen vergewaltigt mit Gewalt, …

LYSISTRATE. … gewähre ich's ihm nur schlecht und bewege mich nicht dabei.

MYRRHINE. … gewähre ich's ihm nur schlecht und bewege mich nicht dabei.

LYSISTRATE. Ich werde meine Perserschuhe nicht zur Decke strecken.[31]

MYRRHINE. Ich werde meine Perserschuhe nicht zur Decke strecken.

LYSISTRATE. Ich werde nicht die Stellung einnehmen wie die Löwin auf der Käseraspel.[32]

MYRRHINE. Ich werde nicht die Stellung einnehmen wie die Löwin auf der Käseraspel.

LYSISTRATE. Wenn ich dies alles einhalte, mag ich hieraus trinken.

MYRRHINE. Wenn ich dies alles einhalte, mag ich hieraus trinken.

LYSISTRATE. Aber übertrete ich es, soll der Becher sich mit Wasser füllen.

MYRRHINE. Aber übertrete ich es, soll der Becher sich mit Wasser füllen.

LYSISTRATE. Schwört ihr dies alle zusammen?

ALLE. Ja, beim Zeus!

LYSISTRATE. Auf denn, ich will ihm seine Weihe geben! *(Trinkt länger.)*

KALONIKE. Nur dein Teil, liebe Freundin, damit wir sofort alle miteinander Freundinnen sind! *(Trinkt und will den Humpen weiterreichen. Man hört hinter dem Bühnenhaus Frauen schreien.)*

LAMPITO. [240] Wer hat'n da gschrian?

LYSISTRATE. Das ist es, was ich sagte: Die Frauen haben jetzt die Festung der Göttin eingenommen. Doch du, Lampito, geh und bring die Dinge bei euch in Ordnung, lass aber diese hier bei uns als Geiseln zurück.[33] *(Lampito ab.)* Und wir wollen zu den anderen in der Burg gehen und mit ihnen die Tore verriegeln.

MYRRHINE. Meinst du nicht, die Männer werden sogleich zusammen gegen uns marschieren?

LYSISTRATE. Die kümmern mich jetzt wenig. Denn sie werden, wenn sie kommen, keine so gewaltigen Drohungen und kein solches Feuer [250] haben, dass sie diese Tore öffnen können, außer unter den Bedingungen, die wir nennen.

MYRRHINE. Nein, bei Aphrodite, niemals! Sonst hieße es ja um nichts und wieder nichts von uns Frauen, dass wir nicht kleinzukriegen und ruchlos sind!

(Alle gehen in das Bühnenhaus, das jetzt die Akropolis darstellt. Von beiden Seiten der Bühne treten, langsam und nur mit Mühe sich vorwärts bewegend, zwölf alte Männer auf, die den einen der beiden Chöre bilden. Sie tragen jeder zwei Holzscheite aus Olivenholz, eine Fackel und einen Topf mit glühenden Kohlen.)

CHORFÜHRER.[34]
Marschiere, Drakes, zeig den Weg,
und schmerzt dich auch die Schulter,
beim Tragen dieser schweren Last
von grauen Ölbaumscheiten.
CHOR DER ALTEN MÄNNER.
Ja, vieles kommt doch unverhofft
im langen Leben, wehe!
Wer, Strymodoros, hätte wohl
erwartet, dies zu hören:
Die Frauen, die wir fütterten
im Haus als Übel, wie sich zeigt,
sind im Besitz des heil'gen Bilds[35]
und haben meine Burg erstürmt,
mit Schloss und Riegeln noch dazu
die Propylä'n[36] verrammelt!
CHORFÜHRER.
Doch eilen wir, so schnell es geht,
hinauf zur Burg, Philourgos,
damit im Kreis um sie herum
wir diese Scheite legen
und alle, die die Sache hier
begannen und betrieben,
auf *einem* Scheiterhaufen dann
verbrennen eigenhändig
gemäß einmütigem Beschluss,
zuerst die Frau des Lykon.[37]
CHOR DER ALTEN MÄNNER.
Bei Demeter, sie werden mich,
solang ich leb, nicht hänseln!
Kleomenes auch, der die Burg
als Erster einnahm, ging ja
nicht ungerupft von dannen, nein,

spartanisch schnaubend zwar, gab er
doch ab die Waffen und verschwand
mit einem kurzen Mäntelchen,
war hungrig, schmutzig, unrasiert,
sechs Jahre ungewaschen![38]

CHORFÜHRER.
So habe ich da jenen Mann
erbarmungslos belagert,
in Rotten, siebzehn Schilde tief,
auf Wache vor den Toren.
Und die hier, von Euripides[39]
gehasst und allen Göttern,
soll ich an solchem Frevel nicht
durch meinen Einsatz hindern?
Dann soll nicht mehr in Marathon[40]
mein Siegesdenkmal stehen!

CHOR DER ALTEN MÄNNER.
Doch bleibt vom Wege mir jetzt nur
noch eine kurze Strecke,
die steile dort zur Burg hinauf,
wohin ich eilends strebe.
Wie aber schleppen wir die Last
nach oben ohne Esel?
Oh, wie die beiden Hölzer mir
die Schulter ganz zerquetschen!
Doch trotzdem heißt es: Vorwärts, marsch!
Das Feuer angeblasen!
Damit es vor dem Ziel des Wegs
nicht unversehens ausgeht.
(Blasen auf die Kohlen.)
Puh! Puh!
Oh! Oh! Was für ein Rauch!

Wie schlimm der, o Herr Herakles,
mich anfällt aus dem Topf da!
Er beißt ja wie ein toller Hund
in meine beiden Augen!
Und wie aus Lemnos[41] – fürchterlich! –
ist ganz und gar das Feuer!
Sonst senkte es nicht so den Zahn
mir in die Augenbutter!
Doch vorwärts! Eil hinauf zur Burg
und bring der Göttin Hilfe!
Wann sollen wir ihr, wenn nicht jetzt,
o Laches, Beistand leisten?
(Blasen auf die Kohlen.)
Puh! Puh!
Oh! Oh! Was für ein Rauch!

CHORFÜHRER.
Dies Feuer hier ist aufgewacht –
den Göttern Dank! Nun lebt es!
Wir könnten, wenn wir hier zunächst
die Scheite niederlegten
und wenn wir in den Topf sodann
die Rebholzfackel steckten,
in Brand sie setzten und aufs Tor
uns wie ein Rammbock stürzten –[42]
Und öffnen dann auf unsern Ruf
die Riegel nicht die Frauen,
anzünden müssen wir das Tor
und sie mit Rauch bedrängen.
Die Last sei also abgelegt. *(Sie wollen abladen.)*
Puh, welch ein Rauch, zum Kuckuck!
(Sie sind immer noch bemüht, die Scheite abzuladen.)
Packt keiner von den Feldherrn dort
in Samos[43] mit beim Holz an?

(Sie haben sich von der Last befreit.)
Dies Ding hat endlich aufgehört,
das Rückgrat mir zu quetschen!
Jetzt ist es deine Pflicht, o Topf,
die Kohle aufzuwecken,
damit die Fackel du sogleich
entzündest und mir darreichst.
O Herrin Nike,[44] hilf und lass
uns über diese Frechheit,
die auf der Burg das Weibervolk
uns bietet, triumphieren!
(Während die Männer sich bemühen, ihre Fackeln anzuzünden, betreten zwölf alte Frauen, die den zweiten Chor bilden, die Bühne mit schnelleren Schritten[45] als zuvor ihre Gegner; sie tragen Wasserkrüge.)

CHORFÜHRERIN.
Mir scheint, ich sehe einen Qualm
und einen Rauch, ihr Frauen,
als ob ein Feuer brennt! Geschwind!
Wir müssen uns beeilen.

CHOR DER ALTEN FRAUEN.
Fliege, fliege, Nikodike,
eh' Kalyke und Kritylla
brennen in der Glut, rings um sie
angefacht von bösen Winden
und von mörderischen Greisen.
Doch ich fürchte eines: Komm ich
etwa nun zu spät zu Hilfe?
Grade eben, als ich meinen
Krug im Morgendunkel füllte
mühevoll am Quell, gestört von
Pöbel, Lärm und Topf-Geklapper,
von den Sklavinnen gestoßen

und von Brandmal-Kerlen,[46] hab ich
rasch ihn aufgehoben, bringe
mit dem Wasser Hilfe meinen
Nachbarinnen, die schon brennen.

Hörte ich doch, blöde alte
Männer kämen, Stämme tragend,
zentnerschwere, auf die Festung,
so als würden sie zum Bade
heizen, wild mit Worten drohend,
diese fürchterlichen Weiber
müsse man zu Kohle brennen.
Sie, o Göttin, möchte niemals
ich in Flammen stehen sehen,
nein, vor Krieg und Wahnsinn lass sie
Hellas und die Bürger retten!
Deshalb, o du goldbehelmte
Schützerin der Polis[47] haben
deinen Sitz sie eingenommen.
Dich, Tritogeneia, ruf als
Kampfgefährtin ich: Wenn einer
von den Männern ihn in Brand steckt,
dass du Wasser holst mit uns!
(Die Männer haben ihre Fackeln angezündet und bedrohen damit die Tore.)

CHORFÜHRERIN.[48]
Du, lass das sein! Was ist denn das?
Ruchlosverruchte Männer!
Denn niemals täten Männer dies,
die ehrenwert und fromm sind!

CHORFÜHRER.
Das Ding da kommt ganz unverhofft
mir unter meine Augen:

Hier draußen eine Weiberschar,
die Hilfe bringt der andren.

CHORFÜHRERIN.
Was fürchtet ihr uns? Sieht’s denn aus,
als wären wir schon viele?
Es ist noch kein Zehntausendstel,
was ihr bis jetzt erblickt habt!

CHORFÜHRER.
O Phaidrias, erlauben wir,
dass diese so viel reden?
Soll man denn da nicht kurz und klein
das Holz auf ihnen schlagen?

CHORFÜHRERIN.
Stelln denn auch wir die Krüge ab,
damit durch sie, falls einer
die Hand an uns zu legen wagt,
wir nicht behindert werden.
(Sie stellen die Wasserkrüge ab.)

CHORFÜHRER.
Beim Zeus, wenn einer sie aufs Maul
zwei- oder dreimal schlüge,
wie’s einst dem Bupalos[49] geschah,
sie könnten nichts mehr sagen!

CHORFÜHRERIN.
Sieh her: Es schlage jemand mich!
Hier steh ich und erlaub es,
doch keine *andre* Hündin greift
dir dann noch an die Hoden![50]

CHORFÜHRER.
Schweig still, sonst hau ich dich, bis dass
die alte Haut dir abfällt!

CHORFÜHRERIN *(deutet auf sich selbst)*.
Stratyllis nah dich nur und fass
sie an mit *einem* Finger!

CHORFÜHRER.
Was, wenn ich dich mit Fäusten schlag,
was tust du mir dann Schlimmes?
CHORFÜHRERIN.
Dir reiß die Lunge und den Darm
ich raus mit meinen Zähnen!
CHORFÜHRER.
Kein Dichter ist Euripides[51]
an Weisheit überlegen:
»Kein Lebewesen ist«, sagt er,
»so schamlos wie die Weiber!«
CHORFÜHRERIN.
Erheben wir den Wasserkrug
vom Boden, o Rhodippe! *(Sie tun dies.)*
CHORFÜHRER.
Was bist du Gottverhasste, du,
mit Wasser hergekommen?
CHORFÜHRERIN.
Was du mit Feuer, Grabmal du?
Um selbst dich zu verbrennen?
CHORFÜHRER.
Ich, um für deine Freundinnen
den Holzstoß anzuzünden!
CHORFÜHRERIN *(zeigt auf den Krug)*.
Und ich, um dir mit diesem hier
den Holzstoß auszulöschen.
CHORFÜHRER.
Mein Feuer löschen, das willst du?
CHORFÜHRERIN. Die Tat wird's
gleich dir zeigen.
CHORFÜHRER.
Ich frage mich, ob ich dich jetzt
mit dieser Fackel röste.

CHORFÜHRERIN.
Wenn du zufällig Seife hast,
bereite ich ein Bad dir.
CHORFÜHRER.
Ein Bad mir, du verfaultes Ding?
CHORFÜHRERIN. Ein Hochzeitsbad
sogar noch!
CHORFÜHRER *(zu einem Gefährten)*.
Hast ihre Frechheit du gehört?
CHORFÜHRERIN. Ich bin doch frei geboren!
CHORFÜHRER.
Ich stopfe dir das laute Maul!
CHORFÜHRERIN. Du bist hier jetzt kein
Richter![52]
CHORFÜHRER *(zu einem Gefährten)*.
Du zünde ihr die Haare an!
CHORFÜHRERIN. Ans Werk, o Acheloos![53]
(Die Frauen begießen die Männer mit Wasser.)
CHORFÜHRER.
O weh ich Armer!
CHORFÜHRERIN. War es heiß?
CHORFÜHRER.
Ja, heiß! Hör auf! Was tust du da?
CHORFÜHRERIN.
Ich wässre dich, auf dass du grünst.
CHORFÜHRER.
Vom Zittern bin ich trocken schon!
CHORFÜHRERIN.
Nun, da du Feuer bei dir hast,
was wärmst du dich nicht selber?
(Ein älterer Ratsherr[54] betritt die Bühne mit zwei Sklaven, die Brecheisen tragen, und vier skythischen Polizisten, die mit Pfeil und Bogen bewaffnet sind.)

RATSHERR. Also ist alles wieder aufgeflackert, die Ausschweifungen der Frauen, ihr Getrommel, das unaufhörliche »Sabazios«-Schreien und die Adonisfeste[55] auf den Dächern, [390] die ich einst hörte, als ich in der Volksversammlung war? Da sagte Demostratos – zum Henker mit ihm! –, wir sollten nach Sizilien segeln,[56] und da tanzt diese Frau und ruft: »O weh, Adonis!« Dann sagte Demostratos, wir sollten Schwerbewaffnete in Zakynthos[57] anwerben, und die Frau auf dem Dach, schon ziemlich betrunken, ruft: »Klagt um Adonis!« Er aber bestand auf seinem Vorschlag, der gottverdammte, verruchte, hirnverbrannte Buzyger![58] Solche Zügellosigkeiten kommen von ihnen![59]

CHORFÜHRER. Was du wohl sagst, wenn du nun auch noch von dem Frevel dieser da erfährst? [400] Auch sonst haben sie gefrevelt und uns dann aus ihren Krügen ein Bad verabreicht, so dass wir die Mäntel ausschütteln müssen, als hätten wir reingepisst!

RATSHERR. Bei Poseidon dem Salzigen, das geschieht uns ja recht! Denn wenn wir selbst die Frauen in ihrer Schlechtigkeit unterstützen und sie das Ausschweifen lehren, kommen sie auf solche Ideen. Da gehen wir ins Handwerkerviertel und sagen so etwas: »Goldschmied, das Halsband, das du angefertigt hast – gestern Abend, als meine Frau tanzte,[60] [410] ist der Zapfen aus dem Loch gefallen. Ich muss jetzt nach Salamis fahren, aber wenn du Zeit hast, geh auf jeden Fall am Abend zu ihr und passe ihr den Zapfen ein.« Ein anderer sagt Folgendes zu einem Schuster, einem jungen Kerl mit einem Schwanz, der aber keineswegs minderjährig ist: »Schuster, am Fuß meiner Frau den kleinen Zeh drückt der Riemen, weil er zart ist. Komm du am Mittag und lockere den, um ihn weiter zu machen.« [420] Solches Zeug hat dazu geführt, dass ich, nachdem ich als Ratsherr den Nachschub von Holz für Ruderstangen sichergestellt habe und nun das Geld dafür brauche, von den Frauen ausgesperrt an den Toren stehe. Aber es bringt nichts, nur dazustehen. *(Zu den beiden Sklaven.)* Her mit den Brechstangen, damit ich ihrem Frevel ein Ende mache! *(Die beiden gehorchen nicht sofort.)* Was sperrst du das Maul auf, elender Kerl? Und du, wo gaffst du hin? Nichts anderes tust du, als nach einer Kneipe glotzen! Schiebt die Brechstangen unter die Tore und brecht sie von dort her heraus – wird's bald? Von hier aus will ich sie mitherausbrechen.

(Noch bevor die beiden Sklaven ans Werk gehen, tritt Lysistrate aus der Tür des Bühnenhauses, die jetzt als Burgtor fungiert.)

LYSISTRATE. Hier wird nichts herausgebrochen! Denn ich komme ganz von selbst heraus. Wozu braucht ihr Brechstangen? Keine Brechstangen werden hier nämlich gebraucht, sondern vielmehr Sinn und Verstand!

RATSHERR. Wirklich, du Ruchlose? Wo ist ein Polizist? *(Zu einem der Skythen.)* Pack sie und binde ihr die Hände auf den Rücken!

LYSISTRATE. Nur zu, aber, bei Artemis, wenn er mich auch nur mit der Fingerspitze anrührt, wird er – Staatsdiener hin und her – etwas zu jammern haben. *(Der Skythe schreckt zurück.)*

RATSHERR. Hast du Angst, Kerl? *(Zu einem anderen Skythen.)* Pack sie um die Mitte, und du zusammen mit dem da – na, wird's bald? – fesselt sie!

(Bevor die Skythen den Befehl ausführen können, tritt eine alte Frau aus dem Burgtor.)

ERSTE ALTE FRAU. Nur zu, aber, bei Pandrosos,[61] wenn du nur die Hand auf sie legst, trample ich auf dir herum, bis du scheißen musst! *(Der Skythe schreckt zurück.)*

RATSHERR. So, so – »scheißen«! Wo ist ein anderer Polizist? *(Zu dem dritten Skythen.)* Fessle die da zuerst, weil sie auch noch unanständig daherredet.

(Eine weitere alte Frau tritt aus dem Burgtor.)

ZWEITE ALTE FRAU. Nur zu, aber, bei der Lichtbringerin,[62] wenn du sie auch nur mit der Fingerspitze anrührst, wirst du bald um eine Schöpfkelle bitten.[63] *(Der Skythe schreckt zurück.)*

RATSHERR. Was soll das heißen? Wo ist ein Polizist? *(Zu dem vierten Skythen.)* Halt die da fest! Ich werde euren Ausfallmanövern schon ein Ende bereiten!

CHORFÜHRERIN. Nur zu, aber, bei Tauropolos,[64] wenn du ihr nahe kommst, reiße ich dir die wehgeschreiumstöhnten[65] Haare aus! *(Der Skythe schreckt zurück.)*

RATSHERR. O weh, ich Unseliger! Die Polizeitruppe geht mir aus! [450] Aber niemals dürfen wir Weibern unterliegen! Auf sie los lasst uns marschieren, ihr Skythen, in Reih und Glied!

LYSISTRATE. Also gut, aber, bei den Göttinnen, ihr werdet erkennen, dass auch bei uns drinnen vier Kompanien stehen – kampfbereite, schwer bewaffnete Frauen!

RATSHERR. Dreht ihnen die Arme auf den Rücken, Skythen!

LYSISTRATE *(ruft in die Burg)*. Ihr Waffenschwestern, eilt von innen heraus, ihr Hülsenfruchtgemüsemarktverkäuferinnentöchter, ihr Knoblauchwirtshausbrotverkäuferinnen *(ein bewaffneter Trupp von alten Frauen kommt aus der Burg und greift die vier Skythen an)*, zerrt sie zu Boden, prügelt sie, zerschmettert sie, [460] beschimpft sie, seid schamlos! *(Die Skythen fliehen vor ihnen.)* Hört auf, zieht euch zurück, entkleidet nicht die Gefallenen![66] *(Der Trupp zieht sich in die Burg zurück.)*

RATSHERR. O weh, wie schlecht ergeht es meiner Polizei!

LYSISTRATE. Aber was dachtest *du* denn? Hast du geglaubt, du zögest gegen irgendwelche Sklavinnen? Oder denkst du, dass Frauen keine Galle haben?

RATSHERR. Doch, bei Apollon, eine Menge, wenn eine Kneipe in der Nähe ist.[67]

CHORFÜHRER.
O du Verschwender manches Worts,
du Ratsherr dieses Landes,
was lässt du denn auf ein Gespräch
dich ein mit diesen Monstern?
Du weißt doch, welches Bad die hier
soeben uns verpassten
in diesen unsren Mäntelchen,
dazu noch ohne Seife!

CHORFÜHRERIN.
Mein lieber Mann, leg lieber nicht
die Hand an deine Nachbarn
so einfach! Tust du's trotzdem, gibt's
zwangsläufig blaue Augen.
Denn ich will wie ein Mädchen nur
zu Hause artig sitzen,
hier keinen kränken, nicht einmal
ein Hälmchen nur bewegen,
doch reizt man mich, beraubt mein Nest,
dann werde ich zur Wespe![68]

CHOR DER ALTEN MÄNNER.[69]
O Zeus, was machen wir denn nur
mit diesen Ungeheuern?
Nicht mehr auszuhalten ist das;
untersuchen musst du nun
diesen Vorfall zusammen mit mir:
Was nur wollten sie, dass sie besetzt
die Akropolis haben, wozu
den gewaltigen Felsen der nicht zu betretenden
Burg, den geweihten Bezirk?

CHORFÜHRER.
So frag denn, lass nicht überreden dich, bring
beim Verhör nur alles zum Einsatz!

Denn Schande wär's, wenn man ungeprüft
durchgehn ließ' so eine Sache!

RATSHERR. Nun denn, dies, beim Zeus, will ich von ihnen als Erstes erfahren. *(Zu Lysistrate.)* Was nur wolltet ihr, dass ihr unsere Akropolis mit Riegeln versperrt habt?

LYSISTRATE. Das taten wir, um das Geld in Sicherheit zu bringen, und damit ihr nicht deswegen Krieg führt.

RATSHERR. Wegen des Geldes führen wir also Krieg?

LYSISTRATE. Ja, und deswegen wurde alles Übrige aufgerührt. [490] Denn damit Peisander[70] und alle, die auf Ämter aus waren, etwas zu stehlen hatten, rührten sie andauernd irgendeinen Tumult auf. Nun sollen sie meinetwegen tun, was sie wollen. Denn das Geld hier sollen sie niemals mehr in die Finger kriegen.

RATSHERR. Aber was willst du tun?

LYSISTRATE. Das fragst du mich? Wir werden es verwalten.

RATSHERR. *Ihr* werdet das Geld verwalten?

LYSISTRATE. Warum findest du das so fürchterlich? Verwalten wir nicht das Haushaltsgeld für euch in jeder Hinsicht?

RATSHERR. Aber das ist nicht dasselbe.

LYSISTRATE. Wieso nicht dasselbe?

RATSHERR. Damit muss man Krieg führen.

LYSISTRATE. Aber Krieg führen soll man zunächst mal gar nicht.

RATSHERR. Und wie sollen wir sonst für unsere Sicherheit sorgen?

LYSISTRATE. *Wir* werden euch Sicherheit bringen.

RATSHERR. Ihr?

LYSISTRATE. Ja, wir!

RATSHERR. Unerhört ist das!

LYSISTRATE. Und ob wir dir Sicherheit bringen! Auch wenn du nicht willst!

RATSHERR. Fürchterlich, was du sagst!

LYSISTRATE. Ärgerst du dich? [500] Aber getan werden muss es doch!

RATSHERR. Bei Demeter, ungesetzlich ist das!

LYSISTRATE. Dir *muss* Sicherheit gebracht werden, mein Schatz!

RATSHERR. Auch wenn ich nicht darum bitte?

LYSISTRATE. Gerade deswegen umso mehr!

RATSHERR. Und wie kamt ihr dazu, euch um Krieg und Frieden zu kümmern?

LYSISTRATE. Wir werden es dir sagen.

RATSHERR *(macht eine drohende Handbewegung)*. Sag es, aber schnell, damit du nicht etwas zu jammern kriegst.

LYSISTRATE. So höre, und versuche, deine Hände zurückzuhalten!

RATSHERR. Aber ich kann nicht. Vor Zorn fällt es mir nämlich schwer, sie still zu halten.

ERSTE ALTE FRAU *(geht auf ihn los)*. Dann wirst *du* umso mehr zu jammern kriegen!

RATSHERR. Dich soll, was du da krächzt, selber treffen, Alte! *(Zu Lysistrate.)* Du rede bitte!

LYSISTRATE. Das will ich tun! Wir haben während der Zeit vorher, weil wir vernünftig sind, schweigend erduldet, was immer ihr Männer tatet. Denn ihr ließet uns nicht mucksen; und doch gefielt ihr uns nicht! [510] Aber wir haben euch genau beobachtet, und oft, wenn wir zu Hause waren, hörten wir, dass ihr einen schlechten Beschluss in einer wichtigen Sache gefasst hattet. Da fragten wir euch dann wohl mit einem Lächeln, obwohl wir innen drin bekümmert waren: »Was habt ihr heute in der Volksversammlung beschlossen, das über das Friedensabkommen auf die Säule zu schreiben[71] sei?« »Was geht dich das an?«, sagte dann der Mann, »willst du nicht den Mund halten?« Und ich hielt den Mund.

ERSTE ALTE FRAU. *Ich* hätte niemals den Mund gehalten!

RATSHERR *(zu Lysistrate)*. Und du hättest was zu heulen gekriegt, wenn du ihn nicht gehalten hättest!

LYSISTRATE. Deshalb habe *ich* damals den Mund gehalten. Später erfuhren wir von einem noch schlechteren Beschluss, den ihr fasstet. Da fragten wir dann wohl: »Warum macht ihr so hirnlos Politik, Mann?« Und sofort blickte er mich ärgerlich an und sagte, wenn ich nicht meinen Faden spänne, [520] würde ich lange über meinen Kopf jammern:

»Der Krieg ist Sache der Männer!«[72]

RATSHERR. Mit Recht hat er das gesagt, beim Zeus!

LYSISTRATE. Wieso mit Recht, du Wahnsinniger, wo uns doch nicht einmal dann, wenn ihr einen schlechten Beschluss fasstet, erlaubt wurde, euch einen Rat zu geben? Als wir euch nun aber schon auf den Straßen offen sagen hörten: »Es gibt keinen Mann mehr im Lande!« und ein anderer sagte: »Nein, beim Zeus, es gibt keinen mehr!«, beschlossen wir Frauen sofort danach, uns zusammenzutun und gemeinsam Griechenland zu retten. Denn worauf hätten wir warten sollen? Wenn ihr nun bereit wärt, *uns* jetzt zuzuhören, falls wir etwas Nützliches sagen, und den Mund zu halten wie wir, könnten wir euch wieder auf die Beine helfen.

RATSHERR. Ihr uns? Fürchterliches sagst du da, und für mich jedenfalls Unerträgliches!

LYSISTRATE. Halt den Mund!

RATSHERR. [530] Vor dir, du Verruchte, soll *ich* den Mund halten, noch dazu, wo du einen Schleier trägst um den Kopf? Dann will ich nicht mehr leben!

LYSISTRATE. Nun, wenn dich nur das stört, dann nimm von mir den Schleier hier, behalt ihn und lege ihn um deinen Kopf *(nimmt den Schleier ab und legt ihn um seinen Kopf)*, und dann halt den Mund!

ERSTE ALTE FRAU *(übergibt ihm ihren Wollkorb)*. Und nimm auch diesen Korb!

LYSISTRATE. Und dann schürze dein Gewand auf, krempele Wolle und kau dabei Bohnen.
»Der Krieg ist Sache der Frauen!«

CHORFÜHRERIN.
Von euren Krügen, o ihr Fraun,
entfernt euch nun, damit wir
auch unsrerseits den Freundinnen
zur Seite stehen können!

CHOR DER ALTEN FRAUEN.
Ich wünsch mir nämlich, dass ich nie
vom Tanzen müde werde,
noch soll Müdigkeit, die matt macht,
je ergreifen meine Knie!
Und bereit bin ich, alles zu tun
mit den Fraun hier, weil tapfer sie sind,
und sie haben Charakter und Charme,
haben Mut, haben Weisheit, mit Einsicht verbundene
Liebe zur Heimat dazu.

CHORFÜHRERIN.
Auf, tapferste unter den Großmüttern, du,[73]
und den brennnesselartigen Müttern,
rückt grimmig nun vorwärts und werdet nicht weich,
denn ihr segelt mit günstigem Fahrtwind.

LYSISTRATE. Nun denn, solange der herzenssüße Eros und die kyprosgeborene Aphrodite uns Liebreiz über Busen und Schenkel hauchen und somit wohlige Versteifung erzeugen den Männern und Anfälle von Ständeritis, dann, glaube ich, werden wir einst als »Streitauflöserinnen« bekannt werden unter den Griechen.

RATSHERR. Für welche Tat?

LYSISTRATE. Wenn wir als Erstes einmal die Männer davon abbringen, in Waffen ihre Einkäufe zu machen und auch sonst verrückt zu sein.

ERSTE ALTE FRAU. Ja, bei der Aphrodite von Paphos!

LYSISTRATE. Denn jetzt laufen sie auf dem Markt bei den Töpfern und ebenso bei den Gemüsehändlern in Waffen herum, als ob sie Korybanten[74] wären.

RATSHERR. Ja, das müssen tapfere Männer tun!

LYSISTRATE. Und doch ist die Sache zum Lachen, [560] wenn einer mit einem Schild und der Gorgo[75] darauf Heringe einkauft!

ERSTE ALTE FRAU. Beim Zeus, ich jedenfalls sah mal einen langhaarigen Mann, einen Reiteroberst, wie er zu Pferde von einer alten Frau gekauften Erbsenbrei in seinen ehernen Hut schüttete. Ein anderer wieder, ein Thraker, der seinen kleinen Schild und seinen Spieß wie Tereus[76] schwang, jagte der Feigenhändlerin Angst ein und verschlang ihre reifen Feigen.

RATSHERR. Wie wollt nun ihr imstande sein, dem gewaltigen Durcheinander in den Ländern ein Ende zu machen und es aufzulösen?

LYSISTRATE. Ganz einfach!

RATSHERR. Wie? Zeig es!

(Lysistrate nimmt dem Ratsherrn den Wollkorb ab und demonstriert, was sie sagt, durch die darin enthaltenen Gegenstände.)

LYSISTRATE. Wie wir Wollgarn, wenn es uns durcheinander geraten ist, *so* nehmen und sachte mit unseren Spindeln auseinanderziehen, *das* hierhin und *das* dorthin, so werden wir auch diesen Krieg auflösen, wenn man uns lässt, [570] indem wir durch Gesandte *das* hierhin und *das* dorthin zurechtziehen.

RATSHERR. Nach der Wolle-, Knäuel- und Spindelmethode glaubt ihr mit schwierigen Angelegenheiten fertig werden zu können? Ihr habt wirklich keinen Verstand!

LYSISTRATE. Hättet ihr nur etwas Verstand, würdet ihr mit allen Staatsgeschäften umgehen wie wir mit der Wolle.

RATSHERR. Wie denn? Lass sehen!

LYSISTRATE. Zuerst müsstet ihr, wie man es mit der rohen Wolle macht, in der Badestube den Schafsdreck herauswaschen aus dem Staat, diesen dann auf eine Bank legen, die Schurken herausklopfen und die Dornen ablesen, und all das, was sich zusammenballt und verfilzt, um die Ämter zu kriegen, durchkrempeln und an den Häuptern beschneiden, dann sie krempeln in den Korb der einträchtigen guten Gesinnung, alle miteinander vermischt, [580] und auch die Einwanderer und jeden Fremden, der euch freundlich gesinnt ist, und jeden, der der Staatskasse etwas schuldet, hineinmischen. Und ja, beim Zeus, die Staaten, die Kolonien dieses Landes sind – erkennen müsstet ihr, dass die euch wie Wollflocken herumliegen jeder für sich. Und dann solltet ihr von ihnen allen das Geflock nehmen, vereint hierher führen, in eins zusammenbringen, danach ein großes Knäuel machen und dann daraus dem Volk einen Wollmantel weben.

RATSHERR. Ist das nicht schrecklich, dass die da von Ausklopfen und Krempeln reden, die doch überhaupt nichts mit dem Krieg zu tun haben?

LYSISTRATE. Im Gegenteil, du ganz und gar Verfluchter! Mehr als doppelt tragen wir an ihm: als Erstes, indem wir Söhne gebären [590] und sie als Schwerbewaffnete hinausschicken –

RATSHERR. Schweig, rühr das Schlimme nicht auf![77]

LYSISTRATE. Und dann: In dem Alter, in dem wir uns des Lebens freuen und die Jugend genießen sollten, liegen wir allein im Bett wegen der Feldzüge! Von unserer Situation will ich nicht reden, aber wegen der Mädchen, die in den Schlafkammern alt werden, bin ich voll Kummer.

RATSHERR. Werden denn nicht auch die Männer alt?

LYSISTRATE. Beim Zeus! Da sprichst du aber nicht von derselben Sache. Denn wenn der Mann nach Hause kommt, heiratet er, auch wenn er grauhaarig ist, bald ein junges Mädchen. Doch für die Frau ist nur kurz die Zeit, in der sie Gelegenheit dazu hat, und wenn sie die nicht ergriffen hat, will niemand sie heiraten, und dann sitzt sie daheim und wartet auf ein Wunder.

RATSHERR. Aber jeder, der ihn noch hochkriegen kann –

LYSISTRATE. Und weshalb um alles in der Welt stirbst du eigentlich nicht? [600] Ein Platz für dich ist da, kauf dir einen Sarg! Den Honigkuchen[78] will ich dir gleich backen. *(Nimmt einen Blumenkranz[79] von ihrem Kopf und gibt ihn ihm.)* Nimm den und bekränz dich damit!

ERSTE ALTE FRAU *(gibt ihm Kopfbinden)*. Und die hier nimm von mir!

ZWEITE ALTE FRAU *(setzt ihm einen weiteren Kranz auf)*. Nimm auch diesen Kranz!

LYSISTRATE. Was fehlt noch? Was brauchst du noch? Geh zum Kahn! Charon[80] ruft dich, aber du verzögerst die Abfahrt.

RATSHERR. Ist es nicht schrecklich, dass *ich* das erdulden muss? Beim Zeus, ich gehe geradewegs zu den anderen Ratsherren [610] und zeige mich ihnen so, wie ich bin. *(Mit seinem Gefolge ab.)*

LYSISTRATE *(ruft ihm hinterher)*. Du willst dich wohl beschweren, dass wir dich nicht aufgebahrt zur Schau gestellt haben? Aber übermorgen in aller Frühe werden von uns die wohlzubereiteten Opfer des dritten Tages kommen. *(Geht mit ihren Begleiterinnen in die Burg. Die beiden Chöre haben sich inzwischen in der Orchestra aufgestellt.)*

CHORFÜHRER.[81]

Keinem, der ein freier Mann ist,
steht zu schlafen jetzt noch zu.
Auf! Für das, was hier zu tun ist,
Männer, legt die Mäntel ab!
(Sie legen ihre Obergewänder ab.)

CHOR DER ALTEN MÄNNER.

Denn schon zu stinken scheint mir dies
nach weitren und noch schlimmren Sachen,
und nach des Hippias[82] Tyrannis riecht mir dieses sehr.
Ich fürchte auch, hier sind Spartaner
im Haus des Kleisthenes[83] versammelt,
und stiften an die gottverdammten Weiber,
mit List mein Geld zu rauben und den Taglohn,
von dem ich bisher lebte.[84]

CHORFÜHRER.

Schrecklich ist es ja, dass diese
schon die Bürgerschaft belehrn,
und dass über Eisenschilde
reden die, die Frauen sind,
und mit dem Spartanervolke
uns versöhnen wollen, dem
wir nicht mehr vertrauen können
als dem Wolf mit offnem Maul.
Was sie angezettelt haben,
Männer, zielt auf Tyrannei!
Doch tyrannisieren sollen
sie mich nie, denn auf der Hut
werd' ich sein; im Myrtenzweige
werde tragen ich mein Schwert,[85]
werde zu Aristogeiton
auf den Markt in Waffen gehn
und mich *so* daneben stellen.

(Imitiert die Pose der Statue, indem er so tut, als schwinge er ein Schwert.)

Steh ich nämlich da, kann ich
dieser gottverdammten Alten
Schläge geben auf das Maul.

(Bedroht die Chorführerin mit der Faust.)

CHORFÜHRERIN.

Tust du das, wird dich die Mutter
nicht erkennen, kommst du heim.
Lasst uns auf den Boden legen
die hier, liebe alte Fraun!
(Sie legen ihre Obergewänder ab.)

CHOR DER ALTEN FRAUEN.

Denn wir beginnen zu empfehlen,
was nützlich für die Stadt ist, Bürger!
Dieses steht ihr zu, denn prachtvoll und mit Glanz zog
sie mich auf.
Mit sieben war ich Arrhephoros,[86]
mahlt' Opfermehl[87] mit zehn für Pallas,
war »Bärin«[88] dann im Safrankleid in Brauron,
trug dann den Korb[89] als schönes Mädchen, hatte
aus Feigen eine Kette.

CHORFÜHRERIN.

Schulde ich da nicht dem Stadtstaat,
dass ich guten Rat ihm geb'?
Bin ich auch als Frau geboren,
nehmt es doch nicht übel mir,
wenn ich Bessres, als was jetzt hier
sich ereignet, euch empfehl'.
Am Gemeinwohl hab ich Anteil,
denn ihm liefre Männer ich.
Aber ihr habt keinen Anteil,
ihr verdammten Greise, weil
ihr das Geld, das von den Vätern
und den Perserkriegen[90] kam,
ausgabt, doch Vermögenssteuer
jetzt nicht als Ersatz bezahlt.
Und so droht uns euretwegen
der Ruin noch obendrein!

Könnt ihr etwas dazu sagen?
Ärgerst du mich irgendwie,
schlage ich dir in die Fresse
mit dem ungegerbten Schuh.
(Hebt drohend den Fuß.)

CHOR DER ALTEN MÄNNER.
Diese Dinge hier, sind die nicht ärgste
Frechheit? Und das scheint mir auch noch ständig
zuzunehmen.
Widerstehn muss dieser Sache
jeder, der noch Hoden hat!

CHORFÜHRER.
Auf, lasst uns die Hemden ausziehn,
denn ein Mann, der soll nach Mann
riechen gleich, nicht eingewickelt
wie der Reis im Weinblatt sein!
(Sie ziehen die Hemden aus.)

CHOR DER ALTEN MÄNNER.
Auf denn, ihr Weißfüße, die wir
gegen Leipsydrion[91] zogen,
als wir ja *etwas* noch waren.
Jetzt heißt's wieder sich verjüngen
und am ganzen Leibe
sich beflügeln, dieses Alter
von sich abzuschütteln.

CHORFÜHRER.
Streckt man nämlich diesen Frauen
auch nur einen Finger hin,
lassen sie nichts aus mit ihrer
zähen Fingerfertigkeit,
bauen sich sogar noch Schiffe
und versuchen, uns damit

anzugreifen, uns zu rammen,
wie einst Artemisia.[92]
Falls sie sich der Reitkunst widmen,
schreib ich ab das Reiterheer.
Denn im Reiten und Besteigen
kennt sich bestens aus das Weib,
fällt auch beim Galopp nicht runter.
Sieh die Amazonen an,
wie im Reiterkampf mit Männern
Mikon[93] einst sie hat gemalt!
Also muss man diese Weiber
alle packen beim Genick,
und ins Loch in einem Holzbrett
ihre Hälse stecken jetzt.
(Geht auf die Chorführerin los.)

CHOR DER ALTEN FRAUEN.
Machst du, bei den Göttinnen, mich wütend,
lass die Sau in mir ich los auf dich und mache,
dass noch heut mit kahlem Schädel
Leute du zu Hilfe rufst!

CHORFÜHRERIN.
Auf, ihr Frauen, lasst auch uns jetzt
unsre Kleider ausziehn schnell,
dass wir dann nach Frauen riechen,
die der Zorn zum Beißen treibt!
(Sie ziehen ihre Untergewänder aus.)

CHOR DER ALTEN FRAUEN.
Nun soll auf mich einer losgehn –
niemals wird Knoblauch noch schwarze
Bohnen er wieder verspeisen!
Denn mir kocht, wenn du nur einmal
mich beschimpfst, die Galle,
und ich brech dir auf die Eier
wie der Käfer einst dem Adler![94]

CHORFÜHRERIN.
Denn ihr macht mir keine Sorgen,
während Lampito noch lebt
und Ismenia, die liebe
adlige Thebanerin.
Mächtig wirst du nicht, auch wenn du's
siebenmal zu sein beschließt,
Elender, den alle hassen,
unsre Nachbarn ganz speziell.
Als ich Hekate[95] zu Ehren
gestern eine Feier gab
für die Kinder und vom Nachbarn
meinen Freund zu kommen bat,
einen guten, lieben Burschen
aus Böotien – einen Aal,[96]
lehnte man es ab zu liefern,
weil du das beschlossen hast.[97]
Und mit diesen Volksbeschlüssen
hört ihr niemals auf, bevor
jemand einmal euch am Bein fasst,
abschleppt und den Hals euch bricht.
(Lysistrate tritt aus der Akropolis.)
O Herrin dieses Unternehmens und des Plans,
warum kamst du mit finstrer Miene aus dem Haus?[98]

LYSISTRATE.
Verruchter Weiber Werke und ihr Weibersinn
bewirken, dass ich mutlos auf und ab gehn muss.

CHORFÜHRERIN.
Was sagst du? Was sagst du?

LYSISTRATE.
Die Wahrheit, die Wahrheit.

CHORFÜHRERIN.
Was gibt es Schlimmes? Sag es deinen Freundinnen!

LYSISTRATE.

’S ist schändlich, es zu sagen, und zu schweigen
schwer.

CHORFÜHRERIN.

Verhehl mir nicht das Üble, das uns widerfuhr!

LYSISTRATE.

In Kürze sei es denn gesagt: Wir wollen – ficken!

CHORFÜHRERIN.

O Zeus!

LYSISTRATE.

Was schreist du denn zu Zeus?

So ist das nun einmal. Ich bin wirklich nicht mehr imstande, sie von den Männern fernzuhalten. Sie entziehen sich nämlich auf die eine oder andere Weise ihrer Pflicht. [720] Die erste erwischte ich, wie sie die Spalte aufmachte, die – zur Pansgrotte[99] hinabführt. Eine andere wiederum, wie sie sich mit Hilfe einer Winde abseilte und so zu entfliehen versuchte; eine weitere riss ich gestern an den Haaren zurück, als sie vorhatte, auf einem Sperling[100] hinabzufliegen zum Haus des Orchilochos.[101] Jede Art von Vorwand schleppen sie heran, um nach Hause gehen zu können. *(Eine Frau läuft mit schnellen Schritten aus der Burg.)* Schau, da kommt eine von ihnen. He du, wohin rennst du?

ERSTE FRAU. Nach Hause gehen will ich. Ich habe zu Hause milesische Wolle, [730] die von den Motten aufgefressen wird.

LYSISTRATE. Von was für Motten? Komm sofort zurück!

ERSTE FRAU. Aber, bei den Göttinnen, ich will ja gleich zurückkommen, wenn ich sie nur auseinandergebreitet habe auf dem Bett.

LYSISTRATE. Nichts breitest du auseinander, und du gehst auch nirgendwo hin!

ERSTE FRAU. Also soll ich zulassen, dass die Wolle ruiniert wird?

LYSISTRATE. Wenn es sein muss, ja.

(Die Frau kehrt widerwillig zurück, und eine weitere kommt aus der Burg gelaufen.)

ZWEITE FRAU. Ich Arme, ich Arme, mein bester Flachs, den ich ungehechelt zu Hause zurückließ!

LYSISTRATE. Hier hätten wir eine andere – zum ungehechelten Flachs geht sie! Komm wieder hierher zurück!

ZWEITE FRAU. Aber, bei der Lichtbringerin,[102] wenn ich ihn durchgewalkt habe, komme ich sofort zurück!

LYSISTRATE. [740] Nein, nichts wirst du durchwalken. Wenn du nämlich damit anfängst, wird eine andere Frau dasselbe tun wollen.

(Die zweite Frau kommt zu Lysistrate zurück, und eine weitere kommt aus der Burg gelaufen, wobei sie ihren dicken Bauch umfasst.)

DRITTE FRAU. O Herrin Hileithya,[103] halte die Geburt zurück, bis ich zu einem nicht-geweihten Platz gekommen bin.

LYSISTRATE. Was faselst du da?

DRITTE FRAU. Ich werde jeden Moment gebären.

LYSISTRATE. Aber gestern warst du noch nicht schwanger!

DRITTE FRAU. Aber heute bin ich es. Also lass mich so schnell wie möglich nach Hause zur Hebamme, Lysistrate!

LYSISTRATE. Was für eine Geschichte erzählst du da? *(Befühlt den Bauch der Frau.)* Was hast du da Hartes?

DRITTE FRAU. Das Kind ist ein Junge.

LYSISTRATE *(klopft auf den Bauch der Frau)*. Bei Aphrodite, nein, etwas Hohles [750] aus Metall hast du da offenbar. Lass sehen! *(Greift unter das Gewand der Frau und holt einen Helm hervor.)* Du bist vielleicht komisch – hast da den geweihten Helm[104] und behauptest, schwanger zu sein![105]

DRITTE FRAU. Und ich bin ja auch schwanger, beim Zeus!

LYSISTRATE. Wozu hast du dann den hier?

DRITTE FRAU. Damit ich, falls das Gebären noch auf der Burg über mich käme, ich in diesen Helm hinein gebären könnte wie die Tauben.

LYSISTRATE. Was redest du da? Du machst nur Ausflüchte! Die Sache ist völlig klar. Du bleibst hier bis zum Kindweihfest[106] – des Helmes.

DRITTE FRAU. Aber ich kann nicht auf der Akropolis schlafen, seit ich die Schlange sah, die die Burg bewacht![107]

(Eine vierte Frau kommt aus der Akropolis gelaufen, und weitere folgen ihr.)

VIERTE FRAU. Und ich Arme komme um vor Schlaflosigkeit, weil die Eulen ständig ihr »Schuhu!« schreien!

LYSISTRATE. Ihr lieben Frauen, hört auf mit dem albernen Zeug! Mag sein, dass ihr nach euren Männern Sehnsucht habt. Aber glaubt ihr denn, sie haben keine Sehnsucht nach euch? Fürchterliche Nächte verbringen sie, das weiß ich genau! Also haltet durch, ihr Guten, und ertragt die Qual noch kurze Zeit. Denn ein Orakel sagt, wir werden siegen, wenn wir uns nicht entzweien. Und dies ist das Orakel: *(Zieht eine Papyrusrolle hervor.)*

DRITTE FRAU. Sag uns, was es sagt!

LYSISTRATE. So schweigt![108]

»Aber wenn alle Schwalben[109]
an *einem* Ort sich verkriechen,
fliehend die Wiedehopfe,
und fern von den Phalloi sich halten,
dann ist zu Ende die Not,
und es kehrt das Obre zuunterst
Donnerer Zeus –«

DRITTE FRAU. Sollen *wir* dann oben liegen in Zukunft?

LYSISTRATE.

»Wenn sich jedoch entzwein
und empor mit den Fittichen fliegen

aus dem heiligen Tempel
die Schwalben, dann heißt es inskünftig,
keiner unter den Vögeln
sei stärker aufs Vögeln versessen.«

DRITTE FRAU. Beim Zeus, das Orakel ist deutlich, ihr Götter alle!

LYSISTRATE. Lasst uns also nicht verzagen in dieser Qual, sondern hineingehen. Es wäre ja auch schmachvoll, liebste Frauen, wenn wir das Orakel verrieten.
(Sie gehen alle in die Burg.)

CHOR DER ALTEN MÄNNER.[110]
Eine Fabel will ich euch erzählen, die ich hörte,
als ich noch ein Knabe war.
War einmal ein junger Mann, Melanion.[111] Der rannte
vor der Ehe weg und kam in eine Wildnis, wo er
in den Bergen hauste.
Und er hatte einen Hund, 791
und er flocht sich Netze, 789
und er jagte Hasen, 790
und von Hass erfüllt, kam er 792
niemals mehr nach Hause.
So ein Frauenfeind war der!
Wir sind wie Melanion,
denn wir sind vernünftig.

CHORFÜHRER *(tritt an die Chorführerin heran).*
Küssen, Alte, will ich dich ...

CHORFÜHRERIN.
Zwiebeln isst du dann nicht mehr.

CHORFÜHRER.
... und dich treten mit dem Fuß!
(Hebt den Fuß hoch, so dass man seinen nackten Hintern sehen kann.)

CHORFÜHRERIN.
Welches Buschwerk du da hast!

CHORFÜHRER.
Ja, denn auch Myronides[112]
war dort buschig, und dem Feind
zeigte er sich arschbehaart,[113]
Phormion war auch so.

CHOR DER ALTEN FRAUEN.
Eine Fabel will auch ich erzählen nun als Antwort
auf die von Melanion.
War einmal ein Wanderer, hieß Timon;[114] es umgaben
Stacheln undurchdringlich ihm das Angesicht. Er war ein
Sprössling der Erinnyen.
Dieser Timon also ging
⟨fort in eine Wildnis⟩,[115]
und, vom Hass getrieben,
stieß er viele Flüche aus
gegen böse Männer.
Also hasste er wie wir
stets euch böse Männer, doch
hold war er den Frauen.

CHORFÜHRERIN *(tritt an den Chorführer heran).*
Willst du einen Schlag aufs Maul?

CHORFÜHRER.
Nein, o nein! Ich fürcht mich!

CHORFÜHRERIN.
Soll ich mit dem Fuß dich haun?

CHORFÜHRER.
Deinen Pelz zeigst du mir dann!

CHORFÜHRERIN.
Dennoch wirst du’s, bin ich auch
eine Alte, nicht behaart
sehen können, denn es ist
abgesengt vom Leuchter.
(Die beiden Chöre treten an den Rand der Orchestra, wobei

die Frauen ihre eigenen Gewänder und die der Männer tragen. Lysistrate erscheint auf dem Dach des Bühnenhauses.)

LYSISTRATE. Hallo, hallo, ihr Frauen, kommt hierher zu mir [830] schnell!

(Mehrere Frauen, darunter Kalonike und Myrrhine, treten zu Lysistrate.)

KALONIKE. Was gibt es denn? Sage mir, warum das Geschrei?

LYSISTRATE *(zeigt zum linken Bühneneingang)*. Ein Mann! Ich sehe einen Mann, der von Sinnen ist und ergriffen von der Eingebung Aphrodites! O Herrin, die du über Kypros, Kythera und Paphos gebietest, geh aufrecht[116] auf dem Weg, den du eingeschlagen hast!

KALONIKE. Wo ist er, wer auch immer es ist?

LYSISTRATE. Beim Heiligtum der Chloë![117]

KALONIKE. O ja, beim Zeus, da ist er. Und wer mag es sein?

LYSISTRATE. Seht hin! Erkennt ihn eine von euch?

MYRRHINE. Ja, beim Zeus, ich! Es ist mein Mann Kinesias.[118]

LYSISTRATE. Deine Aufgabe ist es nun, ihn zu rösten und zu foltern [840] und zum Narren zu halten und zu lieben und nicht zu lieben und alles zu gewähren, ausgenommen das, was auch der Becher weiß.[119]

MYRRHINE. Keine Sorge! Das werde ich tun.

LYSISTRATE. Und ich will hier bleiben und helfen, ihn auf den Arm zu nehmen und zu rösten. Nun geht alle weg!

(Alle außer Lysistrate gehen in die Burg. Von der linken Seite der Bühne tritt Kinesias mit erigiertem Phallos auf. Ihm folgt ein Sklave mit einem kleinen Kind auf dem Arm.)

KINESIAS. Weh mir, ich Unglückseliger! Was für ein Ziehen und Spannen mich ergriffen hat! Es ist, als wäre ich aufs Rad geflochten!

LYSISTRATE *(auf dem Dach des Bühnenhauses)*. Wer ist der da, der innerhalb der Wachpostenlinien steht?

KINESIAS. Ich!

LYSISTRATE. Ein Mann?

KINESIAS. Ja, ein Mann!

LYSISTRATE. Dann verschwinde von hier!

KINESIAS. Wer bist du, die mich da verjagen will?

LYSISTRATE. Die Tagwache.

KINESIAS. [850] Dann, bei den Göttern, ruf mir Myrrhine heraus!

LYSISTRATE. Sieh an, Myrrhine soll ich dir rufen? Wer bist du denn?

KINESIAS. Ihr Ehemann, Kinesias aus Fickingen.[120]

LYSISTRATE. O sei gegrüßt, mein Bester! Nicht unberühmt nämlich ist dein Name bei uns und nicht ungenannt. Denn ständig führt dich deine Frau – *(öffnet die Lippen wie zur Fellatio)* im Munde, und wenn sie sich ein Ei oder einen Apfel nimmt, sagt sie: »Das hier soll für Kinesias sein!«

KINESIAS. Oh, bei den Göttern –

LYSISTRATE. Ja, bei Aphrodite! Und wenn die Rede auf Männer kommt, gleich sagt dann deine Frau, [860] dass, verglichen mit Kinesias, der ganze Rest ein Dreck ist.

KINESIAS. Also geh und rufe sie!

LYSISTRATE. Und dann? Gibst du mir was dafür?

KINESIAS. Das tu ich auf jeden Fall, beim Zeus, wenn du willst. *(Zeigt auf seinen Phallos, aber Lysistrate reagiert nicht darauf.)* Ich habe auch das hier; was ich habe, gebe ich dir. *(Wirft ihr seine Geldbörse hinauf.)*

LYSISTRATE. Also gut, dann gehe ich hinunter und rufe sie dir.

KINESIAS. Ja, ganz schnell! *(Lysistrate verlässt das Dach des Bühnenhauses.)* Denn ich habe keine Freude am Leben, seit sie das Haus verlassen hat, sondern bin betrübt, wenn ich das Haus betrete; öd und leer erscheint mir alles. Auch an den Speisen habe ich, wenn ich sie esse, keine Freude.[121] Denn – mir steht er stramm!

MYRRHINE *(betritt das Dach des Bühnenhauses und spricht zu-*

rück zu Lysistrate). [870] Ich liebe, ja ich liebe ihn. Aber er will sich nicht von mir lieben lassen. Rufe mich nicht zu ihm!

KINESIAS *(zu ihr hinauf)*. O süßestes Myrrhinchen, warum tust du das? Komm herunter – hierher!

MYRRHINE. Nein, beim Zeus, da gehe ich nicht hin!

KINESIAS. Ich rufe, und du willst nicht herunterkommen, Myrrhine?

MYRRHINE. Du rufst mich, aber du willst mich doch gar nicht.

KINESIAS. *Ich* dich nicht wollen? Ich bin am Ende!

MYRRHINE. Ich gehe. *(Dreht sich um, als wolle sie abgehen.)*

KINESIAS. Nein, nicht! Höre doch wenigstens auf deinen kleinen Jungen! *(Nimmt das Kind aus dem Arm des Sklaven und hält es in die Höhe.)* Du, ruf die Mami!

KIND. Mami! Mami! Mami!

KINESIAS *(zu Myrrhine)*. [880] Du, was ist los mit dir? Hast du kein Mitleid mit deinem kleinen Jungen, der schon sechs Tage lang nicht gewaschen und gestillt worden ist?

MYRRHINE. Freilich habe ich Mitleid! Aber sein Vater kümmert sich nicht um ihn.

KINESIAS. Komm herunter zu deinem Kind, meine Liebe!

MYRRHINE. Ach, die Mutterpflicht! Ich muss hinuntergehen. Was sonst soll ich tun? *(Verlässt das Dach des Bühnenhauses. Kinesias gibt dem Sklaven das Kind zurück.)*

KINESIAS. ⟨Wahrhaftig! Wenn die Frau weg ist, liebt man sie gleich noch mehr!⟩[122] Mir kommt es nämlich so vor, als wäre sie viel jünger geworden und ihr Blick wäre sanfter. Und dass sie zu mir unfreundlich ist und von oben herab, gerade das ist es, was mich vor Sehnsucht ganz fertigmacht!

(Myrrhine betritt die Bühne, geht direkt zu ihrem Kind und nimmt es auf den Arm.)

MYRRHINE. Du süßestes kleines Kindchen eines bösen Vaters, [890] komm, lass dich küssen, Mamis Allersüßester! *(Küsst und streichelt das Kind.)*

KINESIAS. Warum, du Böse, tust du das und folgst den anderen Frauen, und mich machst du betrübt und quälst dich selbst? *(Versucht, sie zu berühren.)*

MYRRHINE. Hände weg von mir!

KINESIAS. Und was im Hause ist, meine und deine Sachen, die lässt du verkommen!

MYRRHINE. Die scheren mich wenig!

KINESIAS. Schert es dich wenig, dass dein Wollgarn weggeschleppt wird von den Hühnern?

MYRRHINE. Kein bisschen, beim Zeus.

KINESIAS. Und Aphrodites geheime Rituale hast du so lange Zeit schon nicht mehr vollzogen! Willst du nicht zurückkommen?

MYRRHINE. [900] Nein, beim Zeus, das will ich nicht, wenn ihr nicht Frieden macht und den Krieg beendet!

KINESIAS. Na gut, wenn es angebracht erscheint, werden wir das machen.

MYRRHINE. Na gut, wenn es angebracht erscheint, werde ich auch nach Hause gehen. Aber für jetzt habe ich geschworen, es nicht zu tun.

KINESIAS. Aber leg dich doch wenigstens mit mir hin nach so langer Zeit!

MYRRHINE. Nein, nein! Und doch kann ich nicht sagen, dass ich dich nicht liebe.

KINESIAS. Du liebst mich? Warum legst du dich dann nicht hin, mein Myrrhilein?

MYRRHINE. Ach, du lächerlicher Kerl! Vor dem Kind?

KINESIAS. Nein, beim Zeus. Manes, bring das Kind nach Hause! *(Der Sklave nimmt das Kind und geht damit ab.)* Schau, dein Kind ist nicht mehr im Wege. [910] Willst du dich jetzt nicht hinlegen?

MYRRHINE. Aber wo, mein Lieber, könnte man es denn machen?

KINESIAS. Wo? Die Pansgrotte wäre gut.

MYRRHINE. Und wie könnte ich dann noch unbefleckt in die Burg zurückkehren?

KINESIAS. Sehr gut sogar – wenn du dich in der Klepsydra[123] gewaschen hast.

MYRRHINE. Ich soll also, mein Lieber, den Eid brechen, den ich geschworen habe?

KINESIAS. Die Schuld soll über *mich* kommen. Mach dir um den Eid keine Gedanken!

MYRRHINE. Gut, dann hol ich ein Bettchen für uns zwei.

KINESIAS. Nein, nicht! Am Boden, das genügt für uns.

MYRRHINE. Bei Apollon, nein, aber auch wenn du bist, wie du bist – ich will dich nicht am Boden flachlegen. *(Geht durch eine Tür des Bühnenhauses, die jetzt den Eingang zur Pansgrotte darstellt.)*

KINESIAS. Die Frau liebt mich, das ist ganz deutlich!

MYRRHINE *(kehrt mit einem Bett zurück, das sie vor die Pansgrotte stellt)*. [920] Hier, leg dich schnell drauf, und ich zieh mich aus. *(Kinesias legt sich auf das Bett; Myrrhine fängt an, sich zu entkleiden, hält aber plötzlich inne.)* Doch halt – wie heißt das Ding noch? –, ja, eine Matratze muss ich noch herausbringen!

KINESIAS. Wie, eine Matratze? Für *mich* nicht!

MYRRHINE. O doch, bei Artemis. Denn gar nicht schön ist es auf den Bettgurten.

KINESIAS *(erhebt sich von dem Bett)*. Gut, aber gib mir einen Kuss!

MYRRHINE *(küsst ihn)*. Da. *(Geht in die Grotte.)*

KINESIAS. Ah, ah! *(Ruft ihr nach.)* Komm ganz schnell zurück!

MYRRHINE *(kommt mit einer Matratze zurück und legt sie auf das Bett)*. Da schau, die Matratze. Leg dich hin, und jetzt zieh ich mich aus. *(Kinesias legt sich wieder auf das Bett, Myrrhine fängt wieder an, sich zu entkleiden, hält aber wieder plötzlich inne.)* Doch halt – wie heißt das Ding noch? –, ja, du hast kein Kissen!

KINESIAS. Aber ich brauche keines.

MYRRHINE. Aber ich, beim Zeus! *(Geht in die Grotte.)*

KINESIAS. Wird mein Schwanz hier etwa so schlecht bedient wie Herakles?[124]

MYRRHINE *(kommt mit einem Kissen zurück)*. Steh auf, hopp! *(Kinesias erhebt sich; sie legt das Kissen aufs Bett; er lässt sich wieder nieder.)* Habe ich nun alles?

KINESIAS. [930] Ja, alles. Komm jetzt her, mein Goldstück!

MYRRHINE. Schon mache ich mein Busenband auf. Doch denk dran: Betrüge mich nicht in Sachen Friedensschluss!

KINESIAS. Beim Zeus, ich will sterben, wenn ich das tu!

MYRRHINE. Du hast keine Bettdecke!

KINESIAS. Beim Zeus, ich brauche keine, nein, ich will ficken!

MYRRHINE. Keine Sorge, das wirst du tun. Ich komme ja gleich wieder *(Geht in die Grotte.)*

KINESIAS. Das Frauenzimmer bringt mich um mit seinem Bettzeug!

MYRRHINE *(kommt mit einer Decke zurück)*. Erhebe dich!

KINESIAS *(steht auf)*. Aber der hier *(zeigt auf seinen Phallos)* hat sich schon erhoben!

MYRRHINE. Willst du, dass ich dich salbe?

KINESIAS. Nein, bei Apollon, mach das nicht!

MYRRHINE. Bei Aphrodite, ich tu's – ob du willst oder nicht. *(Geht in die Grotte.)*

KINESIAS. [940] Wenn doch die Salbe verschüttet würde, o Herrscher Zeus!

MYRRHINE *(kommt mit einem Salbfläschchen zurück)*. So, nun streck die Hand aus, nimm und salbe dich!

KINESIAS *(riecht an dem Fläschchen)*. Bei Apollo, das Parfüm hier ist nicht gut. Auf jeden Fall riecht es nach Aufschub durch Verreiben und nicht nach Sex!

MYRRHINE. Ich Unglückselige! Ich habe das rhodische Parfüm[125] gebracht!

KINESIAS. Es ist okay. Lass gut sein, meine Liebe!

MYRRHINE. Du redest dauernd Unsinn! *(Geht in die Grotte.)*

KINESIAS. Zum Henker mit dem, der als erster Salben kochte!

MYRRHINE *(kehrt mit einem länglichen, phallosförmigen Fläschchen zurück)*. Nimm dieses Fläschchen hier!

KINESIAS *(zeigt auf seinen Phallos)*. Aber ich habe doch schon eines! Jetzt, du Unglücksfrau, leg dich hin und bring mir nichts mehr!

MYRRHINE. Das werde ich tun, bei Artemis! [950] Ich ziehe meine Schuhe aus. Aber mein Liebster, dass du mir ja für den Friedensschluss stimmst!

KINESIAS. Ich will darüber nachdenken. *(Myrrhine rennt in die Burg.)* Vernichtet und zugrunde gerichtet hat mich die Frau in jeder Hinsicht, und vor allem hat sie ihn mir steif gemacht und ist dann weggerannt!

(Während seines nun folgenden Klagerezitativs[126] treten die beiden Chöre wieder in die Mitte der Orchestra; die alten Frauen, inzwischen wieder bekleidet, haben die Kleidung der alten Männer in Händen.)

Weh mir, was nun? Wen ficke ich jetzt,
um die Schönste von allen betrogen?
Und mein Baby hier *(zeigt auf seinen Phallos)*,
wie soll ich's ernährn?
Wo ist nur Herr Hundfuchs?[127]
Jetzt verschaff mir für Geld eine Amme!

CHORFÜHRER.

In schrecklichem Leid, du Unglücklicher,
zerreibst du dein Herz, denn du wurdest getäuscht.
Du tust mir so leid, oje!
Denn welche Niere hielte das aus,
welche Seele und welche Hoden,

welche Lenden und welcher Schwanz,
bis zum Anschlag gespannt,
nicht ficken zu dürfen am Morgen?

KINESIAS.
O Zeus, wie schrecklich die Krämpfe sind!

CHORFÜHRER.
Das hat dir – wahrhaftig! – *sie* angetan,
das abscheuliche, scheußliche Weibsstück!

CHORFÜHRERIN.
O nein, die liebe und süßeste Frau!

CHORFÜHRER.
Wie? Süß? Nein, die ist verrucht, ja verrucht!

KINESIAS.
Ja, verrucht, ja, verrucht! O Zeus, o Zeus,
o dass du sie doch wie Haufen von Spreu
mit gewaltigem Sturm und mit sengendem Wind
herumgewirbelt, herumgedreht
von hinnen trügest und losließest dann,
so dass nach dem Sturz auf die Erde zurück
ganz plötzlich nun
auf meiner Eichel sie ritte!
(Ein spartanischer Herold tritt auf; die Ausbuchtung seines Gewandes lässt deutlich erkennen, dass er eine Erektion hat.)

HEROLD DER SPARTANER. Wo is denn der Ältestenrat vo Athen, oder wo san die Prytanen?[128] I mecht was Neis verzähln!

KINESIAS. Und was bist du? Ein Mensch oder ein notgeiler Dämon?

HEROLD. A Herold bin i, junger Herr, bei die zwoa Götter! I kumm vo Sparta wega der Aussöhnung.

KINESIAS *(zeigt auf die Ausbuchtung am Gewand des Herolds)*. Und da kommst du nun und hast einen Speer unter deinem Gewand versteckt?

HEROLD *(wendet sich verschämt ab)*. Naa, beim Zeus, des hab i ned!

KINESIAS. Wohin wendest du dich ab? Und warum ziehst du dir den Mantel vorne zu? Hast du da unten vom Marsch geschwollene Drüsen?

HEROLD. Beim Kastor, der Mensch spinnt! *(Entblößt aus Versehen seinen erigierten Phallos.)*

KINESIAS. Aber du hast ja einen Steifen, du Allerverruchtester!

HEROLD. [990] Naa, beim Zeus, des hab i ned. Red ned so an Schmarrn daher!

KINESIAS. Aber was ist es dann, was du da hast?

HEROLD. A spartanischer Spazierstock.

KINESIAS *(zeigt auf seinen Phallos)*. Klar, wenn auch das hier ein spartanischer Spazierstock ist! Aber komm – ich weiß Bescheid –, sag mir die Wahrheit! Wie ist die Lage bei euch in Sparta?

HEROLD. Des ganze Sparta hat si wia *ein* Mann erhoben, und de Verbündeten stengan alle stramm in Reih und Gliedern. Mir braucha jetz Mösien![129]

KINESIAS. Von wem ist dieses Übel über euch gekommen? Von Pan?[130]

HEROLD. Naa, ogfanga hat damit, glaub i, die Lampito, und nacha habn die andern [1000] Weiber in Sparta alle mitanander, wia auf a Startsignal, die Männer ausgsperrt vo ihre Punzn.

KINESIAS. Und wie geht es euch jetzt?

HEROLD. Mia leidn! In der Stadt genga mia umanand, krumm und schiaf wia die Laternenträger.[131] Weil die Weiber lassn uns ned ihre Fotzn olanga, bevor dass mia alle einmütig an Friedn gschlossn habn in Griechenland.

KINESIAS. In dieser Sache haben sich überall die Weiber verschworen; jetzt endlich begreif ich das. Also sag, so schnell es geht, deinen Landsleuten, sie sollen wegen der Aussöhnung Gesandte mit allen Vollmachten hierherschicken. Ich werde dem Rat sagen, er soll von hier andere Gesandte wählen, und dabei werde ich meinen Schwanz da präsentieren.

HEROLD. I fliag scho! Was du da sagst, des is wirkli guat.

(Der Herold und Kinesias verlassen die Bühne nach verschiedenen Seiten.)

CHORFÜHRER.[132]

Keine Bestie ist schwerer
zu besiegen als die Frau –
auch nicht Feuer –, und kein Panther
so erbarmungslos wie sie.

CHORFÜHRERIN.

Das begreifst du, aber dennoch
führst du Krieg mit mir, obgleich
du als eine treue Freundin
mich, du Dummkopf, haben kannst.

CHORFÜHRER.

Weil ich meinem Hass auf Frauen
nie ein Ende setzen will.

CHORFÜHRERIN.

Wie es dir beliebt. Doch jetzt schon
still mitansehn kann ich nicht,
dass so splitternackt du dastehst.
Schau, wie lächerlich du bist!
Also komme ich zu dir und
zieh dir deinen Mantel an.

(Sie und die übrigen Frauen bekleiden die Männer.)

CHORFÜHRER.

Dass ihr das, beim Zeus getan habt
– böse war das sicher nicht.
Warf ich doch in bösem Jähzorn
vorhin meine Kleider ab.

CHORFÜHRERIN.
Erstens wirkst du wie ein Mann jetzt,
zweitens nicht mehr lächerlich.
Wärst du nicht zu mir so eklig,
hätte ich dir schon das Biest
aus dem Auge, wo es jetzt noch
drinnen sitzt, herausgeholt.
CHORFÜHRER *(nimmt einen Ring vom Finger)*.
Also *das* war's, was mich quälte!
Nimm den Ring hier, und damit
kratze es heraus, und wenn du's
dann entfernt hast, zeig es mir!
Denn schon eine ganze Weile
beißt's ins Auge mir, beim Zeus.
CHORFÜHRERIN.
Also werd ich's tun, obwohl du
durch und durch ein Griesgram bist.
(Sieht ihm ins Auge.)
Zeus, welch Ungetüm von Schnake
ist da drin bei dir zu sehn!
(Holt die Schnake aus dem Auge heraus und zeigt sie ihm.)
Siehst du's nicht? Stammt diese Schnake
etwa aus Trikorythos?[133]
CHORFÜHRER.
Welche Wohltat, Zeus! Ins Auge
grub sie Brunnen mir schon lang,
weshalb, da sie nun entfernt ist,
mir die Träne reichlich fließt.
CHORFÜHRERIN.
Also wische ich sie ab dir
– wenn du auch sehr böse bist –,
und ich küss dich.

CHORFÜHRER. Küss mich nicht, du!
CHORFÜHRERIN. Magst du
wollen oder nicht!
(Sie küsst ihn, und die übrigen Frauen küssen die übrigen Männer.)

CHORFÜHRER.
Hol euch doch der Henker, weil ihr
echte Schmeichlerinnen seid,
und mit Recht und gar nicht übel
wird ja jenes Wort gesagt:
»Weder mit der Pest – den Weibern –
kann es gehn, noch ohne sie.«
Doch nun schließ ich mit dir Frieden,
und in Zukunft tu ich nichts
Böses mehr, und ich erleide
auch nichts Böses mehr von euch.
Auf, lasst uns zusammentreten!
Stimmen wir das Lied jetzt an!
(Die beiden Chöre treten zusammen und bilden nun einen einzigen Chor.)

CHOR.
Über irgendeinen Bürger
etwas Schlechtes auszusagen,
Männer, sind wir nicht bereit,
sondern, ganz im Gegenteil,
nichts als Gutes nun zu reden
und zu tun. Denn Schwierigkeiten
haben wir nun schon genug.
Mann und Frau, ein jeder sage,
ob er etwas Geld benötigt,
ob zwei Minen, drei[134] – wir haben's
drinnen, Beutel gleich dazu.
Gibt's nun Frieden, muss, wer von uns

etwas borgt, nichts wiedergeben –
falls er was bekommen hat.

Ein paar Gäste aus Karystos[135]
wollen wir bewirten, Männer,
die gebildet sind und gut.
Hier ist Erbsenbrei, dazu
gibt's ein Ferkelchen. Ich hab es
schon geschlachtet; also steht nun
köstlich zartes Fleisch bereit.
Kommt zu mir denn morgen, aber
in der Früh und frisch gebadet,
ihr und eure Kinder; tretet,
ohne wen zu fragen, ein,
ja, geht gradewegs und mutig
wie zum eignen Haus, denn unsre
Tür – die wird verschlossen sein.

(Eine Gruppe spartanischer Gesandter in Begleitung von Sklaven tritt auf; auch sie haben Ausbuchtungen an ihrer Kleidung.)

CHORFÜHRER.
Sieh an, da kommen von Sparta her
die Gesandten mit wallenden Bärten,
und rund um die Schenkel, da tragen sie wohl
so eine Art Schweinekoben.[136]

Männer aus Sparta, zunächst einmal: Seid mir gegrüßt! Und dann sagt uns, in welchem Zustand ihr gekommen seid.

ERSTER SPARTANISCHER GESANDTER. Was brauchma eich da vui Worte verzähln? Ihr kennts ja seng, in was für am Zuastand mia kemma san! *(Die Spartaner legen ihre Mäntel ab, so dass man ihre erigierten Phalloi sieht.)*

CHORFÜHRER. Oha! Dieses Problem ist ja gewaltig angespannt, und es scheint ziemlich aufgeheizt zu sein!

SPARTANER. [1080] Ja, ned zum sagn! Und was *kannt* ma sagn? Mei, um an jeden Preis muass oana kemma und an Friedn mit uns macha – wia er mag!
(Eine Gruppe athenischer Gesandter tritt auf.)

CHORFÜHRER. Und da sehe ich auch diese einheimischen Herren in der Haltung von Ringkämpfern[137] ihre Mäntel von den Bäuchen weghalten. Offenbar ist das eine Art arthri ... äh ... athletische Krankheit.[138]

ERSTER ATHENISCHER GESANDTER. Wer kann mir sagen, wo Lysistrate ist? Denn hier sind wir Männer – in *diesem* Zustand.
(Die Athener legen ihre Mäntel ab, so dass man ihre erigierten Phalloi sieht.)

CHORFÜHRER *(beiseite)*. Diese Krankheit stimmt mit der anderen überein. *(Zu dem Athener.)* Euch packt wohl am frühen Morgen ein Krampf?

ERSTER ATHENER. [1090] Ja, beim Zeus! Ganz erledigt sind wir, wenn es uns so geht. Deshalb werden wir, wenn uns nicht jemand schleunigst miteinander versöhnt, nicht umhin kommen, Kleisthenes[139] zu ficken.

CHORFÜHRER. Wenn ihr vernünftig seid, dann nehmt ihr wieder eure Mäntel, damit keiner der Hermenschänder[140] euch erblickt!

ERSTER ATHENER. Ja, beim Zeus, da gibst du einen guten Rat.
(Die Athener ziehen ihre Mäntel wieder an.)

SPARTANER. Ja genau, bei die zwoa Götter! Kummts, ziang ma 's Gwand o! *(Die Spartaner ziehen ihre Mäntel wieder an.)*

ERSTER ATHENER. Seid gegrüßt, ihr Spartaner! Schändliches haben wir erlitten!

SPARTANER. Mei Guada, ja, was Fuachbars waar uns passiert, wenn *die* Männer[141] uns gseng hättn mit unsere steifen Bibberl!

ERSTER ATHENER. [1100] Auf denn, Spartaner, wir müssen jetzt frei heraus reden. Weshalb seid ihr hierher gekommen?

SPARTANER. Als Gsandte wega der Versöhnung.

ERSTER ATHENER. Schön! Und wir auch. Warum also rufen wir nicht Lysistrate, die allein uns versöhnen kann?

SPARTANER. Ja, bei die zwoa Götter – und holts vo mia aus aa den Lysistrat*os*, wenns megts![142]

(Lysistrate tritt aus der Burg.)

ERSTER ATHENER. Nun, wie es scheint, müssen wir sie nicht rufen. Sie hat uns gehört und kommt schon selbst heraus.

CHORFÜHRER.[143]

Sei gegrüßt, du tapferste sämtlicher Fraun!
Jetzt gilt es, dich zu erweisen
als furchtbar und freundlich, vornehm und schlicht,
erhaben und sanft, voll Erfahrung.
Denn die ersten von den Hellenen, die
von deinem Zauber erfasst sind,
kamen zusammen und stelln dir vereint
jetzt anheim, all ihr Streiten zu schlichten.

LYSISTRATE. Nun, das ist keine schwere Aufgabe, wenn sie ganz wild darauf sind und einander nicht hereinzulegen versuchen. Gleich werde ich Bescheid wissen. Wo ist Versöhnung? *(»Versöhnung« in Gestalt einer schönen nackten jungen Frau tritt aus der Burg.)* Nimm dir zuerst die Spartaner und bringe sie zu mir, aber nicht mit harter, selbstgefälliger Hand und nicht so ungeschickt, wie unsere Männer es immer taten, sondern wie es Frauen angemessen ist, ganz freundlich, und wenn man dir nicht die Hand gibt, führ sie am Schwanz her. *(Die spartanischen Gesandten lassen sich von »Versöhnung« zu Lysistrate führen.)* Nun geh und bring auch die Athener; was sie dir geben, fass an und bring sie her. *(Die athenischen Gesandten lassen sich von »Versöhnung« zu Lysistrate führen.)* Ihr Männer aus Sparta, tretet dicht neben mich, und *(zu den Athenern)* ihr dorthin, und hört meine Worte.

Ich bin zwar eine Frau, doch habe ich Verstand.[144]

Ja, ich verfüge über Einsicht, und weil ich manche Worte von meinem Vater und anderen älteren Männern gehört habe, bin ich auch nicht ungebildet. Nun, wo ich euch hier habe, will ich euch allen miteinander so, wie ihr es verdient, Vorwürfe machen, euch, die ihr wie Angehörige einer Familie mit ein und demselben Weihwasser [1130] die Altäre ringsum besprengt in Olympia, in Thermopylai, in Delphi[145] – wie viele andere Orte könnte ich nennen, wenn ich ausführlicher werden müsste? –, die ihr aber, obwohl Feinde da sind mit ihrem barbarischen Heer, griechische Männer und Städte zugrunde richtet.

Der erste Teil von meiner Rede endet hier.[146]

ERSTER ATHENER. Und *ich* gehe hier zugrunde an meinem steifen Schwanz!

LYSISTRATE. Ferner, ihr Spartaner – denn an euch will ich mich jetzt wenden: Wisst ihr nicht mehr, wie Perikleides der Spartaner einst hierher kam, als Bittflehender [1140] an den Altären saß, sterbensbleich in seinem Purpurgewand, und um ein Heer bettelte? Messenien bedrängte euch damals,[147] ja und zugleich auch noch der Gott[148] mit seinem Erdbeben. Doch es kam mit viertausend Schwerbewaffneten Kimon und rettete ganz Sparta. Obwohl euch dies zuteil wurde von den Athenern, zerstört ihr ein Land, von dem euch Gutes zuteil wurde?

ERSTER ATHENER. Beim Zeus, sie tun Unrecht, Lysistrate!

SPARTANER. Mia dean Unrecht, ja. Aber ned zum sagn, wia schee der Arsch da is!

LYSISTRATE. Glaubst du, ich werde euch Athener freisprechen? [1150] Wisst ihr nicht mehr, wie wiederum die Spartaner, als ihr Sklavenkleider trugt, bewaffnet kamen und viele Männer der Thessalier erschlugen und dazu viele Anhänger und Verbündete des Hippias? Wie sie allein an jenem Tag euch halfen, ihn zu vertreiben, euch befreiten und statt des Sklavenkleids eurem Volk wieder einen warmen Mantel anzogen?[149]

SPARTANER. I hob no nia koa edlers Wei ned gseng!

ERSTER ATHENER. Und ich habe noch nie eine schönere Fotze gesehn!

LYSISTRATE. Warum also müsst ihr, wo doch viel Gutes geschah, kämpfen und hört nicht auf mit all dem Bösen? Warum versöhnt ihr euch nicht? Kommt schon, was steht im Wege?

SPARTANER. Mia mechtn scho, wenn uns oana des runde Ding[150] zruckgebn daad.

LYSISTRATE. Welches, mein Lieber?

SPARTANER. Pylos[151] *(zeigt auf den Hintern der »Versöhnung«)*, wo mir scho so lang wuid drauf san und nach dem mia unsere Händ ausstrecka.

ERSTER ATHENER. Nein, beim Poseidon, *das* werdet ihr *nicht* bekommen!

LYSISTRATE. Mein Guter, überlass es ihnen doch!

ERSTER ATHENER. Und wen werden *wir* dann so richtig bumsen können?[152]

LYSISTRATE. Verlangt doch stattdessen einen anderen Ort!

ERSTER ATHENER. Also, dann das Dings da, das gebt uns mal zuerst *(zeigt auf die Vagina der »Versöhnung«):* den Stachelhaar-Ort[153] und die malische Bucht dahinter und die Schenkel von Megara!

SPARTANER. Bei die zwoa Götter, ned des Alles, mei Guada!

LYSISTRATE. Lasst das und streitet euch nicht um ein Paar Schenkel![154]

ERSTER ATHENER. Ich will mich jetzt nackt ausziehen und ans Ackern gehen. *(Macht eine obszöne Bewegung mit dem Unterleib.)*[155]

SPARTANER. Und i glei in der Friah ans Odeln, bei die zwoa Götter![156] *(Macht eine ähnliche Bewegung.)*

LYSISTRATE. Wenn ihr euch versöhnt habt, könnt ihr das tun. Aber wenn ihr überlegt habt, ob ihr dafür seid, das zu tun, geht zu euren Verbündeten und lasst es auch die wissen!

ERSTER ATHENER. Zu welchen Verbündeten, meine Liebe? Dafür sind wir jetzt zu steif! Werden unsere Verbündeten wohl nicht wie wir beide genauso dafür sein, nämlich zu ficken, alle miteinander?

SPARTANER. Die unsern gwiss, bei die zwoa Götter!

ERSTER ATHENER. Ja, und auch die Karystier,[157] beim Zeus!

LYSISTRATE. Na prima! Dann seht zu, dass ihr euch reinigt, damit wir Frauen euch auf der Burg mit dem bewirten, was wir in unseren Körben haben. Dort gebt einander Eide und Bürgschaft, und dann wird jeder seine Frau nehmen und davongehen.

ERSTER ATHENER. Also lasst uns schleunigst gehen.

SPARTANER *(zu Lysistrate)*. Du führ uns, wohinsd magst!

ERSTER ATHENER. Ja, beim Zeus, so schnell es geht.

(Lysistrate geht mit »Versöhnung« und den beiden Delegationen in die Burg. Nur die Sklaven der Spartaner bleiben auf der Bühne; einige setzen sich vor das Burgtor.)

CHOR.

Buntgewirkte Polsterdecken,
Schleppgewänder, Feierkleider,
Goldgeschmeide – was ich hab,
biet ich neidlos jedem an,
dass er's seinen Söhnen bringe
oder seiner Tochter, falls es
die ist, die den Festkorb trägt.
Allen sag ich's: Nehmt von meinen
Sachen, die im Haus sind; da ist
nichts so gut versiegelt, dass man
nicht das Wachs entfernen kann
und, was drin ist, mit sich tragen.
Doch, wer reinschaut, kann nichts sehen,
sieht er schärfer nicht als ich.

Hat von euch nun jemand keine
Speise, muss jedoch die Sklaven
füttern, viele Kindlein auch,
hab ich Weizen für ihn da –
kleine, feine Körnchen, aber
einen Laib ergibt ein Scheffel,
wahrhaft stattlich anzusehn.
Jeder Arme, welcher möchte,
komme her zu mir mit Säcken
und mit Beuteln: Weizen kriegt er,
und mein Manes[158] füllt ihn ein.
Freilich sage ich euch: Tretet
nicht an meine Tür hin, sondern
hütet euch vor meinem Hund!

ERSTER ATHENER *(noch im Bühnenhaus)*. Mach das Tor auf, du! *(Das Tor öffnet sich, der Athener torkelt auf die Bühne, wobei er den Torhüter umstößt und zu ihm sagt:)* Du hättest mir aus dem Weg gehen sollen! *(Hinter ihm erscheinen weitere Männer seiner Delegation, alle betrunken, mit Kränzen in den Haaren und Fackeln in der Hand. Er erblickt die spartanischen Sklaven.)* He ihr, was sitzt ihr da herum? Soll ich euch wohl mit meiner Fackel verbrennen? *(Die Sklaven entfernen sich von der Tür.)* Ein ordinäres Komödienmotiv![159] Ich werde das nicht machen. Wenn es aber unbedingt getan werden muss, wollen wir für euch als Zugabe die Mühe auf uns nehmen.

ZWEITER ATHENISCHER GESANDTER *(kommt mit anderen Athenern aus der Burg)*. Und wir werden zusammen mit euch die Mühe auf uns nehmen. *(Sie bedrohen mit ihren Fackeln die Sklaven, die noch nahe dem Tor stehen.)* Wollt ihr nicht verschwinden? Ihr werdet sonst wegen eurer Haare jammern!

ERSTER ATHENER. Wollt ihr nicht verschwinden, damit die Spartaner nach dem Festschmaus in Ruhe herauskommen können?

ZWEITER ATHENER. Noch nie habe ich so ein Festmahl erlebt. Wirklich charmant waren die Spartaner! Und wir waren beim Wein höchst geistreiche Zecher.

ERSTER ATHENER. Natürlich! Denn wenn wir nüchtern sind, verlieren wir den Verstand. Falls ich die Athener mit meinen Worten dazu überreden kann, [1230] werden wir in Zukunft zu Verhandlungen überallhin betrunken gehen. Jetzt nämlich, wenn wir nüchtern nach Sparta reisen, schauen wir gleich, was wir alles in Verwirrung bringen können. Deshalb hören wir auch nicht, was immer sie sagen; was sie aber nicht sagen, das argwöhnen wir, und dann berichten wir zu Hause über dasselbe nicht dasselbe. Jetzt aber gefiel uns alles, so dass, wenn einer von Telamon sang, obwohl er von Kleitagora hätte singen müssen,[160] wir das lobten und sogar einen Meineid darauf schworen – *(die Sklaven kommen zurück)* aber die Leute da kommen wieder zurück [1240] an denselben Ort! Haut ihr nicht ab, ihr Galgenstricke? *(Die Sklaven werden wieder weggejagt.)*

ZWEITER ATHENER. Ja, beim Zeus, sie kommen gerade jetzt von da drinnen.

(Die spartanischen Gesandten kommen aus der Burg. Der Anführer trägt einen Dudelsack.)

SPARTANER *(zu dem Flötenbläser auf der Bühne)*.[161] Mei Guada, nimm des Blaszeigs, dass i umanand hupfa und an scheena Gsang singa ko – die Athener zu Ehrn und uns aa.

ERSTER ATHENER. Ja, bei den Göttern, nimm den Dudelsack! *(Zu dem Spartaner.)* Wie gerne ich euch tanzen sehe!

SPARTANER *(singt und tanzt)*.[162]

Schick dem junga Burschn da,[163]
Mnemosyne,[164] deine Muse,
die vo uns und die Athener

woaß, wia bei Art'mision[165]
die da grennt san gega d'Schiff
göttergleich, und d'Perser gschlagn habn,
und wia der Leonidas
uns da gführt hat – wia a Wuidsau
habn ma d'Zähn gwetzt, und vui Schaum is
übers Kinn uns glaffa und aa
drunt an unsre Fiaß entlang.
Männer warn da nämlich mehra
wia der Sand am Meer – die Perser.
Jagerin,[166] Wuidtöterin,
göttliche Jungfrau, kumm her,
her zum Friedensvertrag,
dassd lang uns zsammhoitst, aber jetz
soll gsegnet sein für alle Zeit
der Pakt durch Freindschaft, und mir solln
befreit sein vo die schlaua Füchs'![167]
O kumm hierher, hierher,
o Jagerin, o Jungfrau!

(Lysistrate kommt an der Spitze der athenischen und spartanischen Frauen aus der Burg.)

LYSISTRATE. Also dann, da nun alles andere glücklich getan ist, führt ihr, Spartaner, diese Frauen nach Hause und *(zu den Athenern)* ihr diese hier. Es trete Mann neben Frau und Frau neben Mann, und dann lasst uns wegen der glücklichen Ereignisse tanzen zu Ehren der Götter und uns davor hüten, künftig wieder denselben Fehler zu machen.

(Die Männer treten zu ihren Frauen und stellen sich zum Tanz in der Orchestra auf. Lysistrate singt:)[168]

Beginnt den Tanz, führt her die Chariten,
ruft Artemis her,
ihren Bruder,[169] den freundlichen Heiler, ruft auch
und den nysischen Gott,[170] dessen Auge vom Rausch

aufblitzt im Kreis der Mänaden,[171]
und Zeus, den das Feuer umflammt, dazu
seine hehre, gesegnete Gattin;[172]
ferner die Götter, die wir als Zeugen,
niemals vergessende, haben
in Sachen des milde gesonnenen Friedens,[173]
den Kypris,[174] die Göttin, gebracht hat.

CHOR *(tanzt)*.
Alalai![175] Iä, Paian!
Hoch das Bein, iai,
wie bei einem Sieg, iai!
Euoi, euoi, euai, euai!

LYSISTRATE.[176] Nun, Spartaner, lass uns nach dem neuen noch ein neues Lied hören!

SPARTANER *(singt, während alle übrigen tanzen)*.
Den lieblichen Berg Taygetos,[177] Muse
du vo Sparta, lass zruck und kumm her,
preis, wia si's ghört, vo Amyklai den Gott[178]
und Athene im ehernen Haus,[179]
Tyndareos edle Söhne[180] dazua,
die wo Sport treibn am Flusse Eurotas.[181]
Eia, stampf auf!
Eia, und drah di leicht hin und her,
dass mia Sparta verherrlichn kenna,
dem die Tänz' vo de Götter so gfalln
und des Gstampf mit die Fiaß
und wo die Madln grad wia kloane Pferdln
am Eurotas-Fluss
umanandhupfa dean, aufwirbelnd dabei
den Staub mit die Fiaß,
und es flattern die Haar' wia bei die Mänadn,
die spuin und an Efeustab schwinga.
Und voraus geht eahna der Leda ihr' Tochter,[182]

die reine, die scheene Chorführerin. *(Zum Chor.)*
Doch kumm scho her und bind in d'Haar
a Bandl, mit die Fiaß jetz
hupf wia a Hirsch und patsch in d'Händ;
des huift dir ja beim Tanzn.
Und preis aa die Allkämpferin,
die Göttin in dem Erzhaus.[183]

(Alle verlassen tanzend die Bühne.)

Frauen beim Thesmophorienfest

Personen

VERWANDTER des Euripides
EURIPIDES
SKLAVE Agathons
AGATHON
KRITYLLA, eine Priesterin
CHOR athenischer Frauen
MIKA, Frau des Kleonymos
EINE KRANZVERKÄUFERIN
KLEISTHENES
EIN PRYTANE
EIN SKYTHISCHER BOGENSCHÜTZE
ECHO

Stumme Personen
Philiste und andere athenische Frauen; Mania, die Amme Mikas, und andere Sklavinnen der Frauen; Elaphion, eine Tänzerin; Teredon, ein Flötenspieler

Straße in Athen. Im Hintergrund das Haus des Tragödiendichters Agathon. Von der Seite treten Euripides und sein Verwandter auf und bleiben vor dem Haus stehen.

VERWANDTER *(bei sich)*. O Zeus, wird die Schwalbe jemals erscheinen?[184] Umbringen wird mich der Mensch noch, wie er da umherlatscht seit Tagesanbruch. *(Zu Euripides.)* Wäre es möglich, bevor mir noch die Milz total hochkommt,[185] von dir zu erfahren, wohin du mich führst, o Euripides?

EURIPIDES. Du musst nicht alles hören, weil du es sogleich sehen wirst in eigener Person.[186]

VERWANDTER. Wie meinst du das? Sag's noch einmal. Ich muss nicht hören?

EURIPIDES. Nicht, was du sehen wirst.

VERWANDTER. Und ich muss auch nicht sehen?

EURIPIDES. Nicht, was du hören musst.

VERWANDTER. Was redest du mir da ein? Du sprichst wirklich raffiniert. Meinst du, dass ich weder hören noch sehen darf?

EURIPIDES. Verschieden ist ja das Wesen der beiden.

VERWANDTER. Das Nichthören und das Nichtsehen?

EURIPIDES. Ganz genau.

VERWANDTER. Wie meinst du »verschieden«?

EURIPIDES. So wurden sie einst getrennt: Als nämlich der Äther am Anfang abgesondert wurde und sich regende Lebewesen in sich selbst mitzeugte, ersann er zuerst, womit man sehen soll, das Auge als Ebenbild der Sonnenscheibe, und als Trichter für das Hören bohrte er die Ohren.

VERWANDTER. Wegen des Trichters also soll ich weder hören noch sehen? Beim Zeus, da bin ich ja froh, dass ich das dazugelernt habe! Wie großartig ist das doch: Gespräche weiser Männer!

EURIPIDES. Viel dergleichen könntest du von mir lernen.

VERWANDTER. Wie könntest du nun zusätzlich zu diesen guten Sachen herausfinden, wie ich noch dazulerne, lahm zu sein an beiden Beinen?[187]

EURIPIDES. Komm hierher und pass auf!

VERWANDTER. Zur Stelle!

EURIPIDES. Siehst du diese Tür?

VERWANDTER. Beim Herakles, ich glaube schon.

EURIPIDES. Schweig jetzt!

VERWANDTER. Ich schweige von der Tür.

EURIPIDES. Höre!

VERWANDTER. Ich höre auf die Tür und schweige von ihr.

EURIPIDES. Dort wohnt der berühmte Agathon, [30] der Tragödiendichter.[188]

VERWANDTER. Welcher Agathon ist das?

EURIPIDES *(pathetisch)*. Es lebt ein Agathon –

VERWANDTER. Doch nicht der sonnengebräunte, starke?

EURIPIDES. Nein, ein anderer. Hast du ihn nie gesehen?

VERWANDTER. Doch nicht der mit dem buschigen Bart?

EURIPIDES. Hast du ihn nie gesehen?

VERWANDTER. Nein, beim Zeus, noch nicht, soweit ich weiß.

EURIPIDES. Und doch hast du ihn gewiss gefickt, aber du weißt es vielleicht nicht. *(Die Tür öffnet sich.)* Aber wir wollen uns ducken und aus dem Weg gehen; denn ein Sklave von ihm kommt heraus mit Feuer[189] und Myrtenzweigen, um, wie es scheint, ein Opfer darzubringen für die Dichtung.
(Der Sklave Agathons betritt die Bühne.)

SKLAVE.[190]

Es schweige nun still das gesamte Volk,
den Mund verschließend, denn es verweilt
der Musen heilige Schar im Palast
des Herrn, ein Lied komponierend.
Ihr Wehn halt' an die windstille Luft,
nicht rauschen möge die Woge des Meers,
die blaue –

VERWANDTER. Blabla!
EURIPIDES. Was sagt er? Sei still!
SKLAVE.
Der Gefiederten Schar sei vom Schlaf übermannt,
dem wälderdurchziehenden wilden Getier
fest hafte der Fuß –
VERWANDTER. Blaba, blaba!
SKLAVE.
Denn der lieblich sprechende Agathon,
mein Herr, ist bereit –
VERWANDTER. dass geficket er wird?
SKLAVE.
Wer ist es, der sprach?
VERWANDTER. Die windstille Luft.
SKLAVE.
– zu legen auf Kiel[191] sein begonnenes Stück.
Neue Felgen von Worten krümmt er zum Rad,
leimt Lieder zusammen, dann drechselt er sie;
er schmiedet Sentenzen, er nennt Dinge um,
macht aus Wachs ein Modell und rundet es ab,
gießt die Form aus –
VERWANDTER. und lutscht auch manchem den Schwanz.
SKLAVE.
Welch Rüpel naht den Zinnen sich hier?
VERWANDTER.
Ein Mann ist's, welcher bereit ist, dich
und den Dichter, der lieblich redet, herum-
zudrehen, niederzubeugen und euch
in die Zinne den Schwanz hier zu gießen.[192]

SKLAVE. Du warst, als du jung warst, sicher ein frecher Draufgänger, Alter.

EURIPIDES *(zu dem Sklaven)*. Mein lieber Freund, vergiss ihn, rufe du mir aber unter allen Umständen hierher den Agathon heraus.

SKLAVE. Bitte mich nicht darum. Denn von selbst wird er gleich herauskommen. Und er fängt ja an, ein Lied zu komponieren. Da Winter nun herrscht, ist es nicht leicht, geschmeidig zu machen die Verse, wenn er nicht nach draußen in die Sonne geht.

EURIPIDES. [70] Was soll ich also tun?

SKLAVE. Warte, da er herauskommt. *(Geht ins Haus zurück.)*

EURIPIDES.

»O Zeus, was hast im Sinn du, heut mir anzutun?«[193]

VERWANDTER. Bei den Göttern, ich will wissen, was hier los ist. Was seufzt du? Worüber regst du dich auf? Du darfst es nicht vor mir verbergen, wo du doch mein Verwandter bist.

EURIPIDES. Ein großer Ärger ist mir eingebrockt worden.

VERWANDTER. Was für einer?

EURIPIDES. Am heutigen Tag wird das Urteil gefällt werden, ob noch weiterlebt oder ob tot ist Euripides.

VERWANDTER. Und wie das? Denn heute werden weder die Gerichte richten noch ist eine Sitzung des Rates, [80] da es der mittlere Tag des Thesmophorienfestes[194] ist.

EURIPIDES. Genau das ist es ja, wovon ich erwarte, dass es mir den Tod bringen wird. Denn die Frauen haben ein Komplott gegen mich geschmiedet, und im Thesmophorenheiligtum heute werden sie über mich eine Volksversammlung mit dem Zweck abhalten, mich zu vernichten.

VERWANDTER. Warum denn das?

EURIPIDES. Weil ich sie zum Thema meiner Tragödien mache und darin schlecht von ihnen rede.

VERWANDTER. Beim Poseidon, und recht geschähe es dir! Aber was hast du aufgrund dieser Situation für einen Plan?

EURIPIDES. Agathon, den Tragödiendichter, dazu zu überreden, zum Thesmophorenheiligtum zu gehen.

VERWANDTER. Um was zu tun? Sag es mir.

EURIPIDES. Um an der Volksversammlung unter den Frauen teilzunehmen und, was auch immer notwendig ist, zu meiner Verteidigung zu sagen.

VERWANDTER. Offen oder in Verkleidung?

EURIPIDES. In Verkleidung, angezogen wie eine Frau.

VERWANDTER. Eine feine Sache und ganz nach deiner Art! Beim Intrigieren gebührt uns der Kuchen.[195]

EURIPIDES. Schweig!

VERWANDTER. Was ist?

EURIPIDES. Agathon kommt heraus.

(Agathon wird auf dem Ekkyklema[196] *herausgerollt. Er sitzt in einem gelben Frauenkleid auf einem Bett und hält eine Lyra in der Hand. Über das Bett sind weibliche Kleidungsstücke und Gegenstände verstreut, die überwiegend von Frauen benutzt werden.)*

VERWANDTER. Und wo ist er?

EURIPIDES. Wo er ist? Da, der ist es, der gerade herausgerollt wird.

VERWANDTER. Ja, bin ich denn blind? Ich sehe nämlich ganz und gar keinen Mann hier, nur die Kyrene sehe ich.[197]

EURIPIDES. Schweig! Er schickt sich an, ein Lied zu singen.

VERWANDTER. Durch Ameisengänge[198] oder durch was trällert er sich denn da?

AGATHON

(als Chorführerin).[199]

Nehmt auf, ihr Mädchen, die heilige Fackel
des unterirdischen Göttinnenpaars,[200]
und mit der befreiten Heimat zusammen
tanzet mit lautem Gesange!

(Als Chor.)

Welchem der Götter gilt denn der Reigen?
Nenn ihn! Bereit, dir zu folgen, bin ich,

und fromm zu verehren die Götter.
(Als Chorführerin.)
Auf denn, preise im Lied
ihn, der den goldenen Bogen spannt,
Phoibos, welcher den Mauerbezirk
erbaute im Land des Simoeis.[201]
(Als Chor.)
Freu dich an unseren herrlichen Liedern,
Phoibos, in unseren musischen Gaben
heilige Ehre empfangend.
(Als Chorführerin.)
Auch von ihr auf den eichenerzeugenden Bergen,
von der Maid aus der Wildnis, von Artemis, singt!
(Als Chor.)
Ich folge dir, preisend die herrliche
verehrungswürdige Tochter Letos,
Artemis, welche vom Eh'bett nichts weiß.
(Als Chorführerin.)
Die Leto auch und den Klang der Asiatin,[202]
die wider den Rhythmus im Rhythmus des Schritts schlägt
nach Weisung der phryg'schen Chariten.[203]
(Als Chor.)
Fromm verehre ich Leto die Herrin
und die Kitharis, die Mutter der Hymnen,
die wegen des männlichen Klanges berühmt ist.
(Als Chorführerin.)
Durch sie ist entsprungen ein Licht von den Augen des
Gottes und auch, weil plötzlich wir unsre[204]
Stimme erhoben haben. Deswegen
verherrlicht nun Phoibos den Herrn.
(Als Chor.)
Heil, seliger Sohn der Leto! *(Jauchzt schrill auf.)*

VERWANDTER. Wie lieblich war das Lied, ihr hehren Genetylliden,[205] wie weiblich duftend und vollzungig und tief in den Mund geküsst, so dass mir beim Zuhören direkt bis zum Hintern hinab ein Kitzel kroch. Und dich, junger Mann, was für eine auch immer du bist,[206] will ich im Stil des Aischylos mit Worten aus seiner *Lykurgie* fragen:

»Woher der Weichling? Welches Lands? In welcher Tracht?«[207]

(Betrachtet die Gegenstände auf dem Bett.) Was für ein Mischmasch in deinem Lebensstil ist dies? Was hat ein Barbitos[208] mit einem Safrankleid zu schwatzen? Was eine Lyra mit einem Haarnetz? Was ein Ölfläschchen mit einem Büstenhalter? O wie nicht zusammenpassend! Und was hat denn ein Spiegel mit einem Schwert zu tun? Und du selbst, Knabe, wächst du als Mann auf? Wo ist denn dann dein Schwanz? Wo dein Mantel? Wo deine Spartanerstiefel? Oder als Frau etwa? Wo sind denn dann deine Titten? Was antwortest du? Warum schweigst du? Oder soll ich dich etwa aus deinem Lied heraussuchen, da du selbst nicht sprechen willst?

AGATHON. O Alter, Alter, deiner Missgunst Tadel hörte ich, doch den Schmerz darüber brachte ich nicht zustande. Ich trage meine Kleidung passend zu dem, was ich denke. Denn ein Mann, der ein Dichter ist, muss entsprechend den Theaterstücken, die er dichten soll – ja diesen entsprechend – in seinem Verhalten sein. Wenn einer zum Beispiel Theaterstücke über Frauen dichtet, muss sein Körper an ihrem Verhalten teilhaben.

VERWANDTER. Du nimmst also die Reiterstellung ein, wenn du eine *Phaidra* dichtest?[209]

AGATHON. Wenn aber jemand etwas, wo es um Männer geht, dichtet, ist das in seinem Körper schon vorhanden. Was wir aber nicht besitzen, das muss dann eben Nachahmung zu erjagen helfen.

VERWANDTER. Wenn du also von Satyrn[210] dichtest, rufe mich, damit ich zusammen mit dir von hinten dichte mit einem Steifen.

AGATHON. Und übrigens ist es unästhetisch, einen Dichter zu sehen, der bäurisch und struppig ist. Bedenke, dass der berühmte Ibykos und Anakreon von Teos und Alkaios,[211] welche die Würze in die Musik brachten, Stirnbinden trugen und tuntig waren auf ionische Art. Und Phrynichos[212] – denn den musst du ja wohl gehört haben – war selbst schön und schön gekleidet. Deshalb waren also auch seine Theaterstücke schön. Denn man muss notwendigerweise das dichten, was der eigenen Natur gleicht.

VERWANDTER. Das ist es also, warum Philokles,[213] der hässlich ist, hässlich dichtet, Xenokles, der schlecht ist, schlecht dichtet, und Theognis wiederum, der frostig ist, frostig dichtet.

AGATHON. Ganz notwendigerweise ist das so. Denn das habe ich erkannt, und ich habe mich selbst behandelt.

VERWANDTER. Wie, bei den Göttern?[214]

EURIPIDES. Hör auf zu bellen! Denn auch ich war so in seinem Alter, als ich anfing zu dichten.

VERWANDTER. Beim Zeus, ich beneide dich nicht wegen deiner Erziehung.

EURIPIDES. Nun denn, lass mich sagen, weswegen ich gekommen bin.

VERWANDTER. Sprich!

EURIPIDES. Agathon,

»'s ist Zeichen eines weisen Manns, dass der
präzis in Kürze viele Worte sagen kann.«[215]

Ich aber, weil ich von einem unerhörten Unglück geschlagen bin, komme als Bittflehender zu dir.

AGATHON. Mit welchem Begehr?

EURIPIDES. Die Frauen wollen mich töten heute an den Thesmophorien, weil ich schlecht von ihnen rede.

AGATHON. Welcher Nutzen kann also von mir zu dir kommen?

EURIPIDES. Jeder. Wenn du dich nämlich heimlich unter die Frauen setzt, weil du jedem als Frau erscheinst, und für mich plädierst, wirst du mich sicher retten. Denn du allein könntest meiner würdig sprechen.

AGATHON. Warum verteidigst du dich nicht selbst in eigener Person?

EURIPIDES. Ich will es dir sagen. Zunächst einmal werde ich erkannt. [190] Ferner bin ich weißhaarig und habe einen Bart, du aber hast ein schönes Gesicht, bist weißhäutig, glatt rasiert, hast eine Frauenstimme, bist zart und hübsch anzusehen.

AGATHON. Euripides –

EURIPIDES. Ja, was ist?

AGATHON. Hast du einst gedichtet:

»Du freust am Licht dich: Meinst du denn, dein Vater nicht?«[216]

EURIPIDES. Ja.

AGATHON. Dann hoffe jetzt nicht, dass ich dein Unglück erleide. Da wäre ich ja rasend! Nein, ertrage du selbst, was deine Sache ist, als deine eigene. Denn Unglücksfälle mit Hilfe von Finten zu ertragen, das ist nicht recht, wohl aber durch die Bereitschaft zum Hinnehmen.

VERWANDTER. [200] So wie du, o Arschfotze, ein weites Arschloch nicht durch Worte hast, sondern durch die Bereitschaft zum Hinnehmen.

EURIPIDES. Woran liegt es, dass du Angst hast, dorthin zu gehen?

AGATHON. Ich würde noch übler zu Tode kommen als du.

EURIPIDES. Wieso?

AGATHON. Wieso? Es sähe so aus, als würde ich den Frauen ihr nächtliches Treiben stehlen und ihnen ihren weiblichen Liebesspaß rauben.[217]

VERWANDTER. Sieh mal an – »stehlen«! Beim Zeus, dass du gefickt wirst, meinst du. Aber die Entschuldigung ist, beim Zeus, recht und billig.

EURIPIDES. Was nun? Wirst du es tun?

AGATHON. Bilde dir das nicht ein!

EURIPIDES. O ich dreimal Unglückseliger, wie bin ich des Todes!

VERWANDTER. Euripides, [210] mein Liebster, mein Verwandter, gib dich nicht auf!

EURIPIDES. Was soll ich also nun machen?

VERWANDTER. Sag dem, er soll zum Teufel gehen, dann nimm mich und verwende mich, wozu auch immer du willst.

EURIPIDES. Auf denn, da du dich mir auslieferst, zieh deinen Mantel da aus.

VERWANDTER. Bitte schön, er liegt am Boden. Aber was willst du mit mir machen?

EURIPIDES *(zeigt auf den Bart des Verwandten)*. Den da abscheren und das unten wegsengen.

VERWANDTER. Auf, tu es, wenn es dir gut scheint. Sonst hätte ich mich dir nicht ausliefern sollen.

EURIPIDES. Agathon, du trägst ja immer ein Schermesser bei dir. Leih uns nun ein Schermesser!

AGATHON *(zeigt auf die Gegenstände auf seinem Bett)*. Nimm selbst eines [220] von dort aus dem Schermesseretui.

EURIPIDES *(nimmt das Messer)*. Du bist nobel. *(Zum Verwandten.)* Setz dich hin. Blas deine rechte Backe auf. *(Beginnt ihn zu rasieren.)*

VERWANDTER. Au weh!

EURIPIDES. Was schreist du? Ich werde dir einen Klotz hineinschieben, wenn du nicht still bist.

VERWANDTER. Au, au, aua, au, au! *(Läuft weg.)*

EURIPIDES. He du, wo läufst du hin?

VERWANDTER. Zum Heiligtum der ehrwürdigen Göttinnen.[218] Denn, bei der Demeter, ich will hier nicht bleiben und in Stücke geschnitten werden.

EURIPIDES. Wirst du nicht lächerlich aussehen, glatt rasiert auf der einen Seite des Gesichtes?

VERWANDTER. Das kümmert mich wenig.

EURIPIDES. Bei den Göttern, lass mich ja nicht im Stich! Komm her!

VERWANDTER *(kommt zurück)*. Ich Unglückseliger!

EURIPIDES. [230] Halt still hier und leg den Kopf zurück! *(Rasiert ihn, wobei der Verwandte den Kopf wegdreht.)* Wohin drehst du dich? *(Rasiert weiter.)*

VERWANDTER *(mit geschlossenem Mund)*. Mmmmm!

EURIPIDES. Warum machst du Mmmmm? Es ist alles prima erledigt.

VERWANDTER. O ich Unglückseliger! Bart- und wehrlos[219] werde ich in den Krieg ziehen.

EURIPIDES. Mach dir keine Sorgen! Wie überaus hübsch du aussehen wirst! *(Zeigt ihm einen von Agathons Bett genommenen Spiegel.)* Willst du dich ansehen?

VERWANDTER. Wenn du magst, gib her!

EURIPIDES. Siehst du dich?

VERWANDTER. Nein, beim Zeus, aber Kleisthenes![220]

EURIPIDES. Steh auf, damit ich dich absengen kann; beug dich vornüber und bewege dich nicht.

VERWANDTER. O ich Unglückseliger! Ich werde zum Spanferkel werden.

EURIPIDES *(ruft ins Bühnenhaus)*. Man bringe von innen eine Fackel oder eine Lampe! *(Ein Sklave bringt eine Fackel.)* Beug dich vornüber! Nun pass auf die Spitze deines Schwanzes auf!

VERWANDTER. [240] Beim Zeus, lass das meine Sorge sein ... (*Euripides versengt ihm den Hintern.*) ... außer dass ich brenne. Weh mir Armem! *(Zum Publikum.)* Wasser, Wasser, ihr Nachbarn,[221] bevor ein anderer Arsch Feuer fängt.

EURIPIDES. Sei tapfer!

VERWANDTER. Wie soll ich tapfer sein, wenn ich total niedergebrannt werde?

EURIPIDES. Aber es gibt keinen Grund zur Sorge mehr für dich. Denn das meiste hast du schon durchlitten.

VERWANDTER. O weh! Ach, der Ruß! Schwarz geworden bin ich am ganzen Hintern.

EURIPIDES. Mach dir keine Sorgen! Denn jemand anders wird das mit einem Schwamm abwischen.

VERWANDTER. Wenn einer meinen Arsch waschen will, wird er das bereuen!

EURIPIDES. Agathon, da du mir ja missgönnst, dich selbst auszuliefern, [250] leih uns wenigstens ein Mäntelchen für den hier und einen Büstenhalter. Du wirst ja nicht behaupten, dass du diese Sachen nicht hast.

AGATHON *(zeigt aufs Bett)*. Nehmt sie und benutzt sie. Ich missgönne sie euch nicht.

VERWANDTER. Was soll ich nun nehmen?

EURIPIDES. Ja, was? Nimm zuerst das Safrankleid und ziehe es an.

VERWANDTER *(nimmt das Kleid und riecht daran)*. Bei der Aphrodite, es riecht süß nach einem kleinen Schwanz. *(Zieht das Kleid an.)* Schnell, umgürte mich!

EURIPIDES *(zu Agathon)*. Nun gib mir einen Büstenhalter.

AGATHON. Hier! *(Euripides legt dem Verwandten den Büstenhalter um und zieht das Kleid darüber.)*

VERWANDTER. Nun komm und zieh mir das Kleid an den Beinen zurecht.

EURIPIDES. Wir brauchen ein Haarnetz und eine Haube.

AGATHON. Hier ist stattdessen eine Perücke, die ich nachts trage.

EURIPIDES. Beim Zeus, das ist genau, was wir brauchen.

VERWANDTER. Wird sie mir passen?

EURIPIDES *(setzt sie ihm auf)*. Beim Zeus, die ist perfekt. *(Zu Agathon.)* Gib mir einen Umhang.

AGATHON. Nimm den da vom Bett. *(Euripides nimmt ihn und legt ihn dem Verwandten um.)*

EURIPIDES. Wir brauchen Schuhe.

AGATHON. Nimm meine hier.

VERWANDTER. Werden sie mir passen? *(Zieht sie an.)* Du trägst sie sicher gerne locker.

AGATHON. Entscheide du selbst. Nun, du hast, was du brauchst. Man rolle mich so schnell wie möglich nach innen! *(Wird auf dem Ekkyklema zurück in das Bühnenhaus gerollt.)*

EURIPIDES *(mustert den Verwandten)*. Unser Mann hier ist nun eine Frau, jedenfalls dem Aussehen nach. Wenn du sprichst, sieh zu, dass du mit der Stimme eine Frau bist, und das gut und überzeugend.

VERWANDTER *(mit affektiert hoher Stimme)*. Ich werde es versuchen.

EURIPIDES. Geh jetzt.

VERWANDTER. Beim Apollon, das tue ich nicht, wenn du mir nicht schwörst …

EURIPIDES. Was denn?

VERWANDTER. … mich zu retten mit allen Mitteln, falls mir etwas Schlimmes zustößt.

EURIPIDES.

»So schwör ich denn beim Äther dir, dem Haus des Zeus.«[222]

VERWANDTER. Was ist das mehr wert als ein Schwur beim Mietshaus des Hippokrates?[223]

EURIPIDES. Ich schwöre also bei allen Göttern in ihrer Gesamtheit.

VERWANDTER. Denke also daran, dass dein Herz schwor, nicht aber deine Zunge geschworen hat und ich sie auch nicht schwören ließ.[224]

EURIPIDES. Los, eile nun, schnell! Denn das Zeichen zur Versammlung ist beim Thesmophorentempel zu sehen. Ich gehe. *(Tritt ab.)*

VERWANDTER *(zu einer imaginären Sklavin, während er auf einen Altar in der Mitte der Orchestra zugeht und während die Frauen, die dann den Chor bilden, sowie Kritylla, Mika, die Kranzverkäuferin und andere nicht zum Chor gehörige Frauen auftreten)*. Hierher jetzt, Thratta, folge mir. [280] Thratta, schau: Die Fackeln brennen, und was für eine große Menge dort hinaufsteigt[225] unter einer Rauchwolke. Doch ihr wunderschönen Thesmophoren, zu gutem Glück empfangt mich hier und dann wieder auf dem Weg nach Hause! Thratta, nimm den Korb herunter und nimm dann heraus den Kuchen, so dass ich damit den beiden Göttinnen opfern kann. Demeter, hochverehrte und liebe Herrin, und Pherrephatta,[226] lass mich vieles vielfach besitzen und dir opfern, und wenn nicht, lass mich wenigstens heute unentdeckt bleiben. Und möge meine Tochter Muschi einen Mann bekommen, [290] der reich ist, sonst aber dumm und dämlich, und möge mein kleiner Johannes[227] Verstand und Einsicht besitzen. Wo, wo kann ich schön sitzen, damit ich die Redner gut höre? Du aber geh fort von hier, Thratta. Denn Sklaven ist es nicht erlaubt, die Reden zu hören.

KRITYLLA.[228] Andächtiges Schweigen herrsche, andächtiges Schweigen herrsche! Betet zu den beiden Thesmophoren, [300] zu Plutos, zu Kalligeneia, zu Kurotrophos, zu Hermes und zu den Chariten,[229] auf dass sie diese Versammlung und die jetzige Zusammenkunft aufs Schönste und Beste gestalten, zu großem Segen für die Stadt der Athener und zum Glück für euch selbst. Und möge diejenige, die das Beste tut und redet für das Volk der Athener und das der Frauen, den Sieg erringen. Dafür betet und für das, was für euch selbst gut ist. Ië Paian,[230] ië Paian, ië Paian. Lasst uns froh sein!

CHOR.[231]

So sei's! Wir bitten das Geschlecht
der Götter, sich zu offenbarn,
zu freun sich an unsren Gebeten.
Zeus mit dem großen Namen und
du mit der goldenen Lyra,
der du das heilige Delos bewohnst,[232]
und du, allmächtige Jungfrau,[233]
helläugige du mit dem goldenen Speer,
die du die Stadt bewohnst, für die
du gekämpft hast, komm hierher!
Vielnamige du, die das Wild du erlegst,
der goldenäugigen Leto Spross,[234]
und du, ehrwürdiger Meerherr Poseidon,
Herrscher der Salzflut, verlasse
die fischreiche, tosende Tiefe,
Töchter des Meergottes Nereus, auch ihr, und ihr
bergdurchschweifenden Nymphen.
Möge die goldene Lyra jetzt
ertönen im Einklang mit unsren Gebeten,
und mögen wir edlen Frauen Athens
abhalten mit Glück die Versammlung.

KRITYLLA. Betet zu den Göttern, den Olympiern und den Olympierinnen und den Pythiern und den Pythierinnen und den Deliern und den Delierinnen[235] und zu den anderen Göttern. Wenn irgendjemand irgendetwas Böses im Schilde führt gegen das Volk der Frauen oder mit Euripides und den Medern[236] irgendwie zum Schaden der Frauen verhandelt oder plant, als Tyrann zu herrschen oder dabei zu helfen, den

Tyrannen wieder einzusetzen oder eine denunziert hat, die ein fremdes Baby [340] als ihr eigenes Kind ausgab, oder wenn eine die kupplerische Sklavin von einer war und dann dem Herrn etwas ins Ohr geflüstert hat oder ausgeschickt wurde und falsche Botschaften zurückbringt, oder wenn irgendein Liebhaber mit Lügen täuscht und nicht gibt, was er einmal versprochen hat, oder irgendeine alte Frau einem Liebhaber Geschenke gibt oder irgendeine Hetäre welche bekommt, die ihren Freund betrügt, oder wenn irgendein Wirt oder eine Wirtin das Maß von Kannen oder Bechern verfälscht – fleht, dass dieselbe Person und ihre Familie elend zugrunde gehen, [350] aber euch anderen allen sollen die Götter – so betet – viel Gutes geben.

CHOR.[237]

Wir beten mit, dass diese Wünsche
sich für die Stadt erfüllen und
erfüllen für ihr Volk und dass
die Frauen, die das Beste raten,
wie sie's verdienen, siegen. Doch
die, die betrügen und die Eide,
die feierlichen, brechen oder 359
versuchen, die Gesetze mit den 361
Beschlüssen auszutauschen, oder
geheime Angelegenheiten
enthüllen unsren Feinden oder
die Meder in das Land uns holen
zum eignen Vorteil, uns zum Schaden,
tun ruchlos Unrecht unsrer Stadt.
Doch du, allmächt'ger Zeus,
erfülle dies Gebet, auf dass
die Götter uns zur Seite stehn, 370
obwohl wir doch nur Fraun sind.
(Alle Frauen nehmen Platz.)

KRITYLLA *(steht auf und entrollt einen Papyrus)*. Hört alle! *(Liest.)* »Beschlossen hat der Rat der Frauen Folgendes; dabei hatte Timokleia den Vorsitz, Lysilla führte Protokoll und Sostrata stellte den Antrag: eine Versammlung abzuhalten bei Morgengrauen am mittleren Tag des Thesmophorienfestes, wenn wir am meisten freie Zeit haben, und zuerst über Euripides zu verhandeln, was für eine Strafe er erleiden soll. Denn dass er Unrecht tut, meinen wir alle.« Wer will sprechen?

MIKA. Ich.

KRITYLLA *(gibt ihr einen Kranz)*. [380] Setz den erst auf, bevor du redest.[238]

CHORFÜHRERIN.[239]

Seid still und schweigt, seid aufmerksam;
schon räuspert sie sich nämlich,
wie das die Redner tun. Es scheint,
sie wird nun lange sprechen.

MIKA. Nicht aus irgendwelchem Ehrgeiz heraus, bei den beiden Göttinnen,[240] bin ich aufgestanden, um zu sprechen, ihr Frauen. Nein, denn ich Arme trage schon lange Zeit schwer daran, dass ich sehe, wie ihr mit Schmutz beworfen werdet von Euripides, dem Sohn der Gemüsehändlerin,[241] und von ihm vielfach und vielfältig in üblen Ruf gebracht worden seid. Mit was für Übeln hat uns der noch nicht besudelt? [390] Wo ist ein Ort, an dem es – kurz gesagt – Zuschauer, Tragödienschauspieler und Chöre gibt, wo er uns nicht verleumdet hat, indem er uns Liebhaberanhängerinnen, Männerjägerinnen, Weinsäuferinnen, Verräterinnen, Schwätzerinnen, Psychopathinnen und ein großes Übel für die Männer nannte? Darum, sobald sie heimkommen von den Zuschauerbänken,[242] schauen sie uns argwöhnisch an und sehen sofort nach, ob nicht irgendein Liebhaber im Haus versteckt ist. Zu tun ist uns nichts mehr von dem möglich, was wir früher taten; solch üble Dinge hat der [400] unsere Männer über uns gelehrt. Darum, wenn eine Frau auch nur einen Kranz flicht, heißt es, sie sei verliebt,[243] und wenn sie irgendein Gefäß fallen lässt beim Herumlaufen im Haus, fragt ihr Mann: »Für wen wurde der Topf zerbrochen? Ganz sicher für ›den Gastfreund aus Korinth‹.«[244] Einem Mädchen geht es nicht gut. Sofort sagt ihr Bruder:

»Mir will die Farbe dieses Mädchens nicht gefalln.«[245]

Und da ist noch mehr. Eine kinderlose Frau will ein fremdes Baby als ihr eigenes ausgeben, aber sie kann nicht einmal dies verbergen. Denn heute sitzen die männlichen Verwandten in der Nähe. [410] Bei den alten Männern, die früher die jungen Mädchen heirateten, hat er uns verleumdet, so dass jetzt kein alter Mann eine Frau heiraten will wegen dieses Verses:

»Des alten Bräutigams Tyrannin ist die Frau.«[246]

Ferner bringen sie seinetwegen jetzt Versiegelung[247] und Riegel an den Türen zu den Frauengemächern an, um uns zu bewachen, und halten noch dazu Molosserhunde[248] als abschreckende Ungetüme für die Liebhaber. Und all das wäre ja verzeihlich. Aber was uns vorher möglich war, dass wir den Haushalt führten und heimlich [420] Mehl, Öl und Wein beiseite nehmen konnten, das geht jetzt nicht mehr. Denn unsere Männer tragen jetzt Schlüssel bei sich, verborgene, bösartige Dinger aus Sparta mit drei Zähnen. Vorher war es wenigstens möglich, die Tür zu öffnen, nachdem wir uns dazu einen Siegelring[249] für drei Obolen hatten machen lassen. Jetzt aber hat Euripides, dieser Familienruinierer, sie gelehrt, sich wurmstichige Siegel[250] anzuhängen und zu tragen. Ich bin deshalb der Meinung, dass wir ihm irgendeine Art von Vernichtung zusammenbrauen sollen auf die eine oder andere Weise, [430] entweder mit Giften oder mit irgendeinem anderen Mittel, so dass er zugrundegeht. Das ist es, was ich öffentlich zu sagen habe. Das andere werde ich zusammen mit der Protokollantin niederschreiben. *(Kehrt zu ihrem Platz zurück.)*

CHOR.[251]

Nie zuvor vernahm ich eine
Frau vielfältigeren Geistes,
keine, die gewandter vortrug.
Jedes Wort ist nämlich richtig,
jeden Punkt hat sie geprüft, hat
alles klug im Geist erwogen,
und gefunden hat sie schlaue,
gut durchdachte Argumente.
Redete mit ihr im Wettstreit
Xenokles,[252] Sohn des Karkinos,
würdet ihr, so glaube ich,
alle denken,
dass er ganz und gar nichts sagt.

KRANZVERKÄUFERIN *(tritt vor und setzt sich den Kranz auf)*. Nur um wenige Worte zu sagen, bin auch ich vorgetreten. Denn diese Frau hat die anderen Anklagepunkte gut vorgebracht. Doch was mir persönlich geschehen ist, das will ich sagen. Mein Mann starb ja auf Kypros und hinterließ mir fünf kleine Kinder, die ich nur mit Mühe durch Winden von Kränzen[253] auf dem Myrtenmarkt ernährte. Bisher also habe ich sie so recht und schlecht ernährt. Jetzt aber hat der, der auf dem Tragödienmarkt dichtet, die Männer davon überzeugt, dass es keine Götter gebe, so dass wir nicht einmal mehr die Hälfte verkaufen. Also empfehle und sage ich nun allen Frauen, dass sie diesen Mann aus vielen Gründen bestrafen sollen. Denn wild und übel, ihr Frauen, spielt er uns mit, da er ja selbst auf dem Wildgemüsemarkt aufgezogen wurde.[254] Doch jetzt gehe ich zum Markt. Denn ich muss für zwanzig Männer vorbestellte Kränze flechten. *(Geht ab.)*

CHOR.
Dieser andre willensstarke
Geist, er hat noch klüger
sich gezeigt als der zuvor.
Was sie da so schwatzte – alles
wesentlich! Sie hatte Scharfsinn
und vielfältige Gedanken;
dumm war's nicht, nein, überzeugend.
Aber dieser Mann, der soll uns
nun für diese Freveltaten
Strafe zahlen öffentlich.

VERWANDTER *(steht auf und tritt vor)*. Dass ihr, o Frauen, furchtbar erzürnt seid über Euripides, wenn ihr derart übel von ihm in Verruf gebracht werdet, ist nicht verwunderlich, und auch nicht, dass euch die Galle überläuft. Ich selbst auch, so wahr ich Freude an meinen Kindern haben möge, hasse jenen Mann; sonst müsste ich rasend sein. Dennoch müssen wir miteinander eine freie Diskussion führen; wir sind unter uns, und was wir sagen, dringt nicht nach draußen. Warum lasten wir ständig ihm dies alles an und sind ärgerlich, wenn er von zwei oder drei unserer Übeltaten gesprochen hat, wo er doch genau weiß, dass wir unzählige begangen haben? Ich selbst nämlich zu allererst einmal – von einer anderen will ich nicht reden –, habe viele schlimme Taten auf dem Gewissen. Das Schlimmste aber von allem geschah, als ich nur drei Tage verheiratet war und mein Mann neben mir schlief. Ich hatte einen Freund, der mich entjungfert hatte, als ich sieben Jahre alt war. Dieser kam aus Sehnsucht nach mir und kratzte an der Tür. Und da wusste ich sofort, dass er es war. Da gehe ich heimlich nach unten. Mein Mann aber fragt: »Wohin gehst du da nach unten?« – »Wohin? Eine Kolik habe ich im Magen, Mann, und Schmerzen. Also gehe ich aufs Klo.« – »Nun, so geh.« Und da begann er, Wacholderbeeren, Dill und Salbei zu zerreiben, ich aber goss Wasser auf die Türangel[255] und ging hinaus zu meinem Liebhaber. Und da wurde ich, nach vorne gebeugt, immer wieder gestoßen neben dem Altar des Apollon Agyieus[256] und hielt mich dabei am Lorbeerbaum fest. [490] Schaut, darüber hat Euripides nie etwas gesagt. Auch, wie wir von Sklaven und Maultiertreibern gepudert werden, wenn wir keinen anderen haben, sagt er nicht. Auch nicht, wie wir, wenn wir von jemandem kräftig gefickt wurden die ganze Nacht, frühmorgens Knoblauchknollen kauen, damit der Mann, wenn er von den Stadtmauern heimkommt[257] und das riecht, nicht argwöhnt, dass wir etwas Übles treiben. Schau, darüber hat er nie etwas gesagt. Wenn er aber über Phaidra[258] lästert, was geht das uns an? Auch darüber hat er noch nichts gesagt, wie die Frau dem Ehemann ihren Umhang zeigte, damit er sehen könne, wie der [500] gegen das Licht aussah, und so ihren dahinter verborgenen Liebhaber aus dem Haus brachte, nein, darüber hat er noch nichts gesagt. Von einer anderen Frau weiß ich, die zehn Tage lang behauptete, sie sei in den Wehen, bis sie ein Baby kaufen konnte. Ihr Mann lief herum und kaufte Arznei zur Erleichterung der Geburt. Eine alte Frau brachte es – das Baby meine ich – in einem Topf, den Mund mit einer Honigwabe verstopft, damit es nicht schrie. Als dann sie, die es brachte, ein Zeichen gab, schreit die Frau sofort: »Geh hinaus, geh hinaus, Mann, denn jetzt, glaube ich, werde ich niederkommen.« Das Baby hatte nämlich mit dem Fuß gegen den Bauch des Topfes gestoßen. [510] Und der freute sich und lief davon, die aber zog dem Baby die Honigwabe aus dem Mund, und es schrie. Dann läuft die ruchlose alte Frau, die das Baby brachte, mit strahlendem Gesicht zu dem Mann und sagt: »Ein Löwe, ein Löwe ist dir geboren, ganz dein Ebenbild in absolut jeder Hinsicht, einschließlich dem Schwänzchen, das dem Deinen ähnlich ist, leicht gebogen wie ein Blütenzapfen.« Begehen wir diese Übeltaten nicht? Bei der Artemis, das tun wir! Und da zürnen wir nun dem Euripides, obwohl uns von ihm nicht mehr angetan wurde, als wir selbst getan haben?

CHOR.[259]

Dieses ist wahrhaftig seltsam,
wo gefunden ward dies Biest und
welches Land hervorgebracht hat
die hier, die so unverschämt ist.
Nie hätt' ich gedacht, dass diese
Ränkeschmiedin das so schamlos
offen unter uns zu sagen
jemals sich getrauen würde.
Aber heute ist wohl alles
möglich, und ich lob das alte
Sprichwort: Unter jedem Steine,
scheint es, muss man
schaun, ob dort kein – Redner beißt.[260]

CHORFÜHRERIN.[261]

Es gibt nichts Schlechteres – und dies
in jedem Punkt – als Frauen,
die von Natur aus schamlos sind,
nur Frauen ausgenommen.

MIKA. Bei der Aglauros,[262] ihr Frauen, ihr seid nicht recht bei Verstand. Nein, entweder ihr seid verhext, oder irgendein anderes großes Übel ist euch widerfahren, dass ihr diesen Abschaum uns alle dermaßen beschimpfen lasst. Nun, *(sie blickt in die Runde)* wenn es irgendeinen gibt, der[263] ... wenn aber nicht, werden wir und unsere Sklavinnen irgendwoher heiße Asche nehmen und ihr die Muschi absengen, damit sie lernt, als Frau Frauen in Zukunft nicht zu schmähen.

VERWANDTER. [540] Nein, ihr Frauen, bitte nicht meine Muschi! Denn wenn doch Redefreiheit herrscht und zu sprechen erlaubt ist uns Bürgerinnen allen, die wir anwesend sind, dann habe ich zur Verteidigung des Euripides nur gesagt, was ich für recht und billig hielt, und nun soll ich deswegen von euch durch Enthaarung bestraft werden?

MIKA. Ja, sollst du *nicht* bestraft werden? Du, die du es als einzige gewagt hast, uns in Verteidigung eines Mannes zu widersprechen, der uns viel Übles angetan hat, indem er absichtlich Geschichten ausfindig machte, in denen eine Frau sich als schlecht erwies, und zwar als Dichter von Melanippen und Phaidren.[264] Von einer Penelope[265] hat er niemals gedichtet, weil sie als keusche Frau galt.

VERWANDTER. Nein, und ich weiß den Grund: Du könntest nicht eine einzige [550] Penelope unter den heutigen Frauen nennen; alle miteinander sind Phaidren.

MIKA. Hört, ihr Frauen, was die Ränkeschmiedin über uns alle schon wieder gesagt hat!

VERWANDTER. Und beim Zeus, ich habe ja noch nicht alles, was ich weiß, gesagt. Wollt ihr also, dass ich Weiteres sage?

MIKA. Aber das wirst du wohl kaum mehr können. Denn was du wusstest, hast du alles ausgeschüttet.

VERWANDTER. Nein, noch nicht einmal den zehntausendsten Teil von dem, was wir tun. Denn schau, das habe ich noch nicht gesagt, wie wir Striegel nehmen und dann das Korn absaugen[266] –

MIKA. Zum Henker mit dir!

VERWANDTER. – und wie wir beim Apaturienfest[267] die Fleischstücke unseren Kupplerinnen geben und dann sagen, die Katze habe –

MIKA. Weh ich Arme, was redest du für einen Unsinn!

VERWANDTER. [560] – auch wie eine Frau ihren Mann mit einer Axt totgeschlagen hat, habe ich nicht gesagt. Und auch nicht, wie mit Mittelchen eine andere ihren Mann verrückt gemacht hat, auch nicht, wie unter dem Backtrog einmal begrub –

MIKA. Du sollst verrecken!

VERWANDTER. – eine Acharnerin[268] ihren Vater –

MIKA. Hält man aus, das hier anzuhören?

VERWANDTER. – und auch nicht, wie du den Jungen, den eine Sklavin geboren hatte, dann als deinen ausgabst, dein eigenes Töchterchen aber ihr überließest.

MIKA. Bei den beiden Göttinnen, du wirst mit dem, was du sagst, nicht ungestraft davonkommen, sondern ich werde dir die Wolle abscheren.

VERWANDTER. Beim Zeus, fass mich ja nicht an!

MIKA *(in Kampfposition)*. Schau her!

VERWANDTER *(in Kampfposition)*. Schau her!

MIKA. Halte meinen Umhang, Philiste!

VERWANDTER. Fass du mich nur an, und, bei der Artemis, ich werde dich –

MIKA. Was wirst du tun?

VERWANDTER. [570] Ich werde dich den Sesamkuchen, den du gefressen hast, herausscheißen lassen!

KRITYLLA. Hört auf mit den gegenseitigen Beschimpfungen! Denn es kommt eine Frau eilends zu uns herbeigelaufen. Also, bevor ihr zusammengeratet, haltet still, damit wir auf ordentliche Weise in Erfahrung bringen können, was sie sagen will.

(Kleisthenes tritt auf, ohne Bart und mit femininer Kleidung.)

KLEISTHENES. Liebe Frauen, Verwandte meiner Lebensart, dass ich euer Freund bin, machen meine Wangen deutlich. Ja, ich bin verrückt nach Weiblichkeit und vertrete stets eure Interessen. Und jetzt, da ich eine große, euch betreffende Sache gehört habe, die kurz zuvor auf dem Markt beschwatzt wurde, bin ich gekommen, um sie euch zu sagen und zu melden, damit ihr [580] darauf schaut und euch in Acht nehmt, dass euch nicht unvorbereitet eine schreckliche und große Sache trifft.

KRITYLLA. Was ist denn, mein Junge? Denn Junge dich zu nennen ist recht und billig, solange du deine Wangen so glatt hast.

KLEISTHENES. Euripides, sagen sie, hat einen Mann, irgendeinen Verwandten von ihm, einen Alten, hierher geschickt heute.

KRITYLLA. Für was für eine Aufgabe oder mit welchem Plan?

KLEISTHENES. Damit er bei dem, was ihr beratet und zu tun beabsichtigt, ein Spion eurer Worte sei.

KRITYLLA. Und wie ist er als Mann unter Frauen unbemerkt geblieben?

KLEISTHENES. [590] Abgesengt und enthaart hat ihn Euripides und ihn in allem Übrigen wie eine Frau ausstaffiert.

VERWANDTER. Glaubt ihr dem das? Welcher Mann wäre so töricht, dass er eine Enthaarung über sich ergehen ließe? *Ich*, glaub ich, jedenfalls nicht, ihr beiden hochgeehrten Göttinnen.

KLEISTHENES. Du redest Unsinn. Denn ich wäre nicht mit dieser Botschaft gekommen, wenn ich dies nicht von denen, die es genau wissen, erfahren hätte.

KRITYLLA. Das ist eine schreckliche Sache, die uns gemeldet wird. Nun denn, ihr Frauen, wir dürfen nicht tatenlos herumsitzen, sondern müssen Ausschau halten nach dem Mann und suchen, wo [600] er, unbemerkt von uns, verborgen sitzt. *(Zu Kleisthenes.)* Und du suche ihn mit uns, damit du sowohl unseren Dank dafür als auch für den anderen Dienst bekommst, o Vertreter unserer Interessen.

KLEISTHENES. Also müsst ihr alle durchsucht werden.

VERWANDTER *(beiseite)*. Ich Unglückseliger!

KLEISTHENES. Lass sehen. Erst du: Wer bist du?

VERWANDTER *(beiseite)*. Wohin kann man sich wenden?

MIKA. Wer ich bin, hast du gefragt? Die Frau des Kleonymos.

KLEISTHENES. Erkennt ihr, wer diese Frau hier ist?

KRITYLLA. Ja, wir erkennen sie. Doch sieh dir die anderen an.

KLEISTHENES *(zu Mika)*. Wer ist denn die da, die das Kind hält?

MIKA. Meine Amme, beim Zeus.

VERWANDTER *(beiseite, während er wegschleichen will)*. Es ist aus mit mir!

KLEISTHENES. [610] Du da, wo wendest du dich hin? Bleib da. Was zum Teufel ist los?

VERWANDTER. Lass mich pissen gehen! *(Kleisthenes bietet ihm seinen Arm.)* Ein schamloser Kerl bist du!

KLEISTHENES. Also mach du mal. Ich warte ja hier. *(Der Verwandte geht beiseite.)*

KRITYLLA. Ja, warte auf sie und beobachte sie genau. Denn sie allein, Mann, kennen wir nicht.

KLEISTHENES. Du pisst wahrhaftig eine lange Zeit.

VERWANDTER. Beim Zeus, mein guter Mann, weil ich eine Pissblockade habe. Ich habe gestern Kresse gegessen.

KLEISTHENES. Was kresselst du da? Kommst du nicht her zu mir?

VERWANDTER. Was zerrst du mich denn herum, wo ich doch nicht gesund bin?

KLEISTHENES. Sage mir, wer ist dein Mann?

VERWANDTER. Du fragst nach meinem Mann? [620] Kennst du den Dingsda, den aus Schwanzdorf?[269]

KLEISTHENES. Den Dingsda? Welchen?

VERWANDTER. Es ist der Dingsda, der auch einst den Dingsda, den Sohn des Dingsda –

KLEISTHENES. Du sagst, denke ich, dummes Zeug. Bist du schon früher hier heraufgekommen?

VERWANDTER. Ja, beim Zeus, jedes Jahr.

KLEISTHENES. Und wer ist deine Zeltkameradin?[270]

VERWANDTER. Meine? Die Dingsda.

KLEISTHENES. Weh mir Armem, du redest Unsinn.

KRITYLLA *(zu Kleisthenes)*. Geh beiseite. Denn ich will sie richtig zu den Festlichkeiten des letzten Jahres verhören. Du steh mir abseits, damit du, der du ein Mann bist, nicht zuhörst. *(Zum Verwandten.)* Du aber sage mir, welches von den Heiligtümern uns zuerst gezeigt wurde.

VERWANDTER. [630] Lass sehen, was war denn wohl das erste? Wir tranken.[271]

KRITYLLA. Was danach als zweites?

VERWANDTER. Wir tranken uns zu.

KRITYLLA. Das hast du von jemand gehört. Und was war das dritte?

VERWANDTER. Xenylla bat um ein Töpfchen. Denn da war kein Pisspott.

KRITYLLA. Du redest Unsinn. Komm hierher, hierher, Kleisthenes! Dies ist der Mann, den du meinst.

KLEISTHENES. Was also soll ich machen?

KRITYLLA. Zieh ihn aus. Er sagt ja nichts Vernünftiges.

VERWANDTER. Ihr wollt also eine Mutter von neun Kindern ausziehen?

KLEISTHENES. Öffne sofort deinen Büstenhalter, du schamloser Kerl! *(Der Büstenhalter wird geöffnet.)*

KRITYLLA. Wie stämmig und kräftig sie aussieht! [640] Und, beim Zeus, sie hat jedenfalls keine Titten wie wir.

VERWANDTER. Weil ich unfruchtbar bin und noch niemals schwanger war.

KRITYLLA. Jetzt auf einmal! Eben noch warst du Mutter von neun Kindern.

(Der Verwandte, inzwischen fertig ausgezogen, versucht seinen Phallos zwischen den Beinen zu verbergen.)

KLEISTHENES. Steh gerade auf! Wohin stopfst du deinen Schwanz da unten?

MIKA *(hinter dem Verwandten)*. Da schaut er hervor – und eine sehr schöne Farbe hat er, meine Liebe!

KLEISTHENES *(tritt ebenfalls hinter den Verwandten)*. Und wo ist er?

KRITYLLA. Er ist wieder nach vorn geeilt.

KLEISTHENES *(tritt wieder vor den Verwandten)*. Hier ist er jedenfalls nicht.

KRITYLLA. Nein, er ist wieder hierher gekommen.

KLEISTHENES. Eine Art Isthmos hast du da, Kerl. Vorwärts und rückwärts ziehst du deinen Schwanz häufiger als die Korinther.[272]

(Der Phallos des Verwandten erscheint wieder an der normalen Stelle.)

KRITYLLA. O dieser Schurke! Deshalb also hat er für Euripides [650] gesprochen und uns geschmäht.

VERWANDTER. Ich Unglückseliger! In was für Schwierigkeiten habe ich mich verwickelt!

KRITYLLA *(zu Kleisthenes)*. Und nun, was sollen wir tun?

KLEISTHENES. Bewacht diesen Mann da gut, damit er nicht ausreißt und davoneilt. Und ich werde dies den Prytanen[273] melden.

(Kleisthenes, Kritylla und einige Frauen gehen ab. Mika und Mania, die das Kind auf dem Arm hält, bewachen den Verwandten, der sich inzwischen wieder bekleidet hat.)

CHORFÜHRERIN.[274]

Auf denn, als nächstes müssen wir jetzt
anzünden unsere Fackeln,
uns wacker und mannhaft gürten und dann
die Umhänge ablegen, um zu
suchen, ob irgendein anderer Mann
hier eindrang, herumpatroullieren
auf der gesamten Pnyx[275] und dabei
durchspähen die Zelte und Wege.

(Die Frauen legen die Umhänge ab.)

Vorwärts, marsch! Als erstes müssen
heben wir den flinken Fuß
und im Stillen gründlich nachsehn
überall. Doch dürfen wir
eins nicht: langsam sein. Denn Zeit ist's,
nun nicht mehr zu zögern hier.
Nein, zuerst die Runde machen
sollte ich jetzt möglichst schnell.

CHOR.[276]

Vorwärts, spürt herum, durchsucht nun
eilends alles, schaut, ob an dem
Ort ein andrer
sitzt, der sich vor uns versteckt.
Wirf dein Aug in jede Richtung,
und was hier ist und was dort ist
und hier vorne,
alles überprüfe gut!
(Sie suchen singend und tanzend.)
Denn wird er bei gottlosen Taten ertappt,
so wird er bestraft, und darüber hinaus
wird allen anderen Männern er sein
ein Beispiel für Frevel und unrechte Tat
und gottloses Tun,
wird sagen, dass Götter es eindeutig gibt,
wird lehren sodann
die Menschen alle, die Götter zu ehrn
und gerecht sich zu halten an Brauch und Gesetz,
drauf sinnend zu tun, was gut ist.
Und tun sie dies nicht, wird Folgendes sein:
Ist einer von ihnen frevelnd ertappt,
wird brennend im Wahn, von Tollheit verwirrt,
zu sehen er sein als klarer Beweis
den Frauen und Sterblichen insgesamt,

dass illegales und unfrommes Tun
sofort bestraft eine Gottheit.

CHORFÜHRERIN.

Nun, es scheint, wir haben jetzt wohl
alles trefflich inspiziert,
und wir sehen keinen andren,
der hier auf der Lauer liegt.

(Der Verwandte entreißt der Amme Mikas Kind und rennt zum Altar.)

MIKA. He, he, wohin, wohin entläufst du? Du da, du da, willst du nicht stehenbleiben? [690] Ich Arme, Arme! Fort ist er und hat das Kind mir von der Titte gerissen.

VERWANDTER. Schrei du nur! Niemals wieder wirst du es füttern, wenn ihr mich nicht freilasst.

»Nein, auf diesen Schenkelknochen[277] hier,
durchbohrt vom Messer, werden den Altar mit Blut
beflecken seine roten Adern.«[278]

MIKA. O ich Arme! Ihr Frauen, wollt ihr mir nicht helfen? Wollt ihr nicht ein großes Geschrei machen und ein – Siegesmal,[279] sondern mit ansehen, wie ich meines einzigen Kindes beraubt werde?

CHOR.[280]

Weh, weh!
O Moiren, was seh' ein neues Vergehn,
ihr Hehren, ich hier?

CHORFÜHRERIN.[281]

Wie die Welt doch voll von Frechheit
und von Unverschämtheit ist!
Welche Tat, ihr Lieben, hat er,
welche dieses Mal getan!

VERWANDTER.

Welchen Schlag will ich versetzen
eurer Riesenarroganz!

CHORFÜHRERIN.
Ist, was hier geschieht, nicht schrecklich
und noch schrecklicher als das?
MIKA.
Schrecklich, ja, dass er geraubt hat
mir mein Kind und jetzt es hält.
CHOR.[282]
Was kann man dazu denn nur sagen, wenn der
so etwas begeht, doch sich dessen nicht schämt?
VERWANDTER.
Und noch nicht bin damit ich zu Ende.
CHOR.
Doch nun bist du dort, von wo du nicht leicht
entkommst, um zu sagen, was für eine Tat
du begingst, und dann flohst.
Nein, *du* wirst bestraft!
VERWANDTER.
Darum bete ich, dass dieses
keinesfalls geschehen soll.
CHOR.
Wer käme denn von den Unsterblichen
bei unrechter Tat als Helfer zu dir?
VERWANDTER.
Ihr schwatzt vergebens! Die hier lasse ich nicht frei.[283]
CHOR.
Bei beiden Göttinnen, vielleicht
wird bald die Freveltat dich reun
und Worte, die du gottlos sprachst.
Heimzahlen nämlich werden wir,
wie's billig ist, mit böser Tat die deine.
Gewandt hat sich schnell zum Schlechten dein Glück,
geht anderen Wegs.

CHORFÜHRERIN *(zu Mika, auf die Fackeln zeigend).*
Diese hättst du nehmen sollen
und noch was vom Holz dazu
und den Schurken hier zu Asche
niederbrennen möglichst schnell.

MIKA *(zu der Amme).* Lass uns Reisig holen gehen, Mania! *(Zum Verwandten.)* Und dich werde ich heute zu glühender Kohle machen.

VERWANDTER. [730] Zünde mich an und verbrenne mich! *(Entkleidet das Kind.)* Du aber zieh rasch dein kretisches Kleid aus. Und wegen deines Todes, mein Kind, beschuldige eine einzige Frau, deine Mutter. Was ist denn das hier? Zu einem Schlauch geworden ist das Mädchen, voll von Wein, und trägt noch dazu Perserschuhe.[284] O ihr überhitzten, durch und durch versoffenen Frauen, die ihr euch aus allem etwas zu trinken besorgt, o großer Segen für die Schankwirte, für uns aber ein Fluch, ein Fluch auch für die Haushaltsgeräte und den Einschlagfaden am Webstuhl![285]
(Mika und Mania kommen mit Feuerholz zurück.)

MIKA. Lege viel Reisig neben ihn, Mania.

VERWANDTER. [740] Ja, lege es neben mich. Aber beantworte mir dies: Behauptest du, dies hier geboren zu haben?

MIKA. Ja, und ich trug es zehn Monate lang.[286]

VERWANDTER. Du trugst es?

MIKA. Ja, bei der Artemis.

VERWANDTER. Mit drei Kotylen[287] oder wie? Sag's mir!

MIKA. Was hast du mir angetan? Ausgezogen, du Schamloser, hast du mein Kind, das noch winzig ist.

VERWANDTER. Winzig? Ja, es ist klein, beim Zeus. Wie viele Jahre ist es alt? Drei Kannenfeste[288] oder vier?

MIKA. Etwa so viel und dazu die Zeit seit den Dionysien.[289] Aber gib es zurück!

VERWANDTER. Nein, bei dem Apollon dort.[290]

MIKA. Dann werden wir dich verbrennen.

VERWANDTER. Ja, unbedingt! Verbrennt mich. [750] Die hier aber kriegt dann sofort ihre Kehle durchgeschnitten.

MIKA. Nein, nein, ich flehe dich an! Aber mach mit mir, was du willst, um dieses Kindes willen.

VERWANDTER. Du bist kinderliebend von Natur aus. Aber nichtsdestoweniger wird der hier die Kehle durchgeschnitten.

MIKA. Weh mir, Kind! Gib mir das Opferbecken, Mania, damit ich nun wenigstens das Blut meines Kindes auffangen kann.

VERWANDTER. Halte es darunter. Denn diesen einen Gefallen will ich dir tun. *(Schlitzt den Weinschlauch auf, und der Wein spritzt heraus, während Mika ihn aufzufangen versucht.)*

MIKA. Zum Henker mit dir! Wie gehässig und bösartig du bist!

VERWANDTER *(hält den leeren Weinschlauch in die Höhe)*. Die Haut hier fällt der Priesterin zu.

(Kritylla kommt aus dem Bühnenhaus.)

KRITYLLA. Was fällt der Priesterin zu?

VERWANDTER. Dies hier. Nimm es! *(Wirft ihr den leeren Weinschlauch zu.)*

KRITYLLA. [760] Ärmste Mika, wer hat dich entmädchent?[291] Wer hat deine geliebte Tochter ausgeleert?

MIKA. Dieser Schurke hier! Aber weil du nun da bist, bewache ihn, damit ich mit Kleisthenes den Prytanen sage, was der da getan hat. *(Mika und Mania ab.)*

VERWANDTER. Nun denn, was wird die Strategie zu meiner Rettung sein? Was für ein Schachzug, was für eine Idee? Denn er, der schuld ist und mich in diese Schwierigkeiten verwickelt hat, ist nicht zu sehen *(sieht zu einem der Bühneneingänge)*, nein, noch nicht. Also, welchen Boten könnte ich zu ihm senden? Ach ja, ich weiß einen Trick [770] aus seinem *Palamedes*.[292] Wie jener werde ich die Ruderblätter vollschreiben und sie auswerfen. Doch die Ruderblätter sind nicht da. Woher könnte ich nun Ruderblätter bekommen? Woher? Woher? Was wäre wohl, wenn ich diese Votivtafeln statt der Ruderblätter vollschreiben und sie in alle Richtungen werfen würde? Das ist viel besser. Aus Holz sind ja auch diese hier, und auch jene waren aus Holz.[293]

O Hände mein,
ein Werk, das den Weg weist, müsst anpacken ihr.
Nun auf denn, ihr Tafeln aus glattem Holz,
nehmt Schriftzüge an des Messers,
die Boten meiner Nöte. Weh mir,
das Rho[294] hier bereitet mir Not.
(Zu dem Messer.) Geh voran, voran – welche Kerbe!
Geht nun und eilt alle Wege entlang,
dorthin, hierher; es muss schnell sein.

CHORFÜHRERIN.[295]

Nach vorne denn treten wollen wir nun,
um uns selbst ein Loblied zu singen.
Es sagt ja über das Frauengeschlecht
viel üble Dinge ein jeder;
wir seien den Menschen der schrecklichste Fluch
und von uns komme jegliches Übel,
Streit, Zank und schrecklicher Bürgerzwist
und Kummer und Krieg. Ja, nun denn,
wenn ein Fluch wir sind, was heiratet ihr dann
uns, wenn wir wirklich ein Fluch sind,
und verbietet uns, aus dem Haus zu gehn,
ja beim Rausschaun ertappt zu werden,
und wollt doch eueren »Fluch« sogar
mit so viel Eifer bewachen?
Und geht das Frauchen irgendwohin
und ihr findet es dann außer Hause,
dann rast ihr wie Irre, anstatt euch zu freun
und den Göttern zu opfern, wenn's wahr ist,

dass den Fluch aus dem Hause entschwunden ihr seht
und nicht ihn antrefft im Hause.
Und schlafen in einem fremden Haus
wir ein, vom Feiern ermüdet,
geht jeder von euch bei den Liegen herum,
um nach seinem Fluch zu suchen.
Und schauen wir aus dem Fenster heraus,
dann sucht ihr den Fluch zu betrachten;
und ist sie verlegen und zieht sich zurück,
viel mehr ist dann jeder begierig,
den Fluch, wenn er wieder herausschaut, zu sehn.
So ist es denn nun ganz deutlich,
dass wir viel besser doch sind als ihr,
und es gibt einen Test, dass man's sehn kann.
So lasst uns jetzt testen, wer schlechter ist. 801
Denn wir behaupten, dass *ihr*'s seid,
und ihr, *wir* seien es. Prüfen wir's denn
und halten uns gegeneinander
und stellen den Namen von je einem Mann
dem von je einer Frau gegenüber.[296]
Nausimache jedenfalls übertrifft
den Charmin; da sprechen die Fakten.
Und ferner: Kleophon ist gewiss
Salabakcho ganz unterlegen.
Schon lange hat mit der Marathonschlacht,
Aristomache, keiner von euch sich
zu messen auch nur den Versuch gemacht,
und auch nicht mit Stratonike.
Ist einer der Ratsherrn des vorigen Jahrs,
der sein Ratsherrenamt einem andren
übergab, Eubule vorzuziehn? *(Zeigt auf den Mann im Publikum.)* Das wirst ja selbst *du* nicht behaupten!

Und so ergibt sich: Wir rühmen uns nun,
viel besser zu sein als die Männer.
Eine Frau würde nie aus der Kasse des Staats
gleich fünfzig Talente entwenden,
und dann mit Pferd und Wagen hinauf
zur Akropolis fahren.[297] Wenn's hochkommt,
dann stiehlt sie dem Mann ein Körbchen voll Korn
und gibt's ihm am selben Tag wieder.
Wir könnten aber beweisen, dass
viele der Männer hier *(zeigt ins Publikum)* solches tun,
und ferner, dass sie weit eher als wir
Schlemmer und Kleiderdiebe und
Hanswürste und Seelenverkäufer sind,
und außerdem, dass sie schlechter als wir
ihr Familienerbe – so mein ich – bewahrn.
Wir haben auch jetzt noch am Webstuhl das Schiff,
und die Stange[298] daran und die Körbe dazu
und den Sonnenschirm.
Von unseren Männern aber hier
ging vielen ihre Stange verlorn
samt der Spitze daran in ihrem Haus
und manch anderer hat von der Schulter herab
in der Hitze der Schlacht
den Sonnenschirm weggeworfen.

Viel an unsren Ehemännern
könnten wohl mit Fug und Recht
kritisiern wir Frauen, aber
eins ist ungeheuerlich.
Denn wenn eine von uns einen
braven Mann der Stadt gebar,
einen Hauptmann oder Feldherrn,
ehren sollte man sie dann

irgendwie und an den Stenien[299]
ihr den Ehrenplatz gewährn,
an den Skiren auch und Festen,
die wir Frauen sonst begehn.
Doch wenn einen feigen Schurken
eine Frau geboren hat,
einen feigen Käpten oder
einen schlechten Steuermann,
mit geschornen Haaren[300] sollte
die dann sitzen hinter der,
die geboren hat den Tapfren.
Ist es nämlich recht, o Stadt,
dass da sitzt im weißen Kleid die
Mutter des Hyperbolos,[301]
ihre Haare wallen lassend,
neben der des Lamachos
und noch Geld verleiht? Es sollte,
wenn sie einem etwas leiht
und dazu noch Zinsen fordert,
Zinsen geben ihr kein Mensch,
sondern ihr das Geld gewaltsam
nehmen und ihr sagen dann:
»Saubre du, die Geld lässt hecken
und geheckt hat solche Brut!«[302]

VERWANDTER *(der, auf dem Altar sitzend, während der Chorszene ständig in die Ferne geblickt hat)*. Schieläugig bin ich geworden über dem Ausschauen nach ihm, aber er ist noch nicht in Sicht. Was könnte es denn sein, das ihm im Wege steht? Es kann nicht anders sein, als dass er sich schämt, weil sein *Palamedes* frostig war. Mit welchem Drama könnte ich ihn denn wohl herlocken? Ich weiß: Seine neue *Helena*[303] werde ich aufführen. Ich habe ja ohnehin schon ein Frauenkostüm zur Hand.

KRITYLLA. Was braust du da wieder zusammen? Was starrst du dauernd bald hierhin, bald dorthin? Du wirst gleich eine unangenehme Helena zu sehen kriegen, wenn du dich nicht anständig verhältst, bis einer von den Prytanen erscheint.

VERWANDTER *(in der Rolle der Helena, nachdem er seinen Kopf mit einem Tuch verhüllt hat)*.

»Das sind des Nils jungfräulich schöne Wellen hier,
die statt des Himmelstaus Ägyptens weiße Flur«
benetzen und das abführmittelschwarze Volk.[304]

KRITYLLA. Ein Schurke bist du, bei der fackeltragenden Hekate.[305]

VERWANDTER.

»Die Erde meiner Väter ist nicht unbekannt,
's ist Sparta, und mein Vater ist Tyndareos.«[306]

KRITYLLA. Der, du Verruchter, ist dein Vater? Eher wohl Phrynondas.[307]

VERWANDTER.

»Und Helena ward ich genannt.«

KRITYLLA. Schon wieder wirst du zur Frau, noch bevor du für die andere Frauennummer bestraft worden bist?

VERWANDTER.

»Und viele Seelen starben bei Skamanders Flut[308]
um meinetwillen.«

KRITYLLA. Und das hättest auch du tun sollen.

VERWANDTER.

»Und ich bin hier nun, doch der arme Gatte mein«,
mein Menelaos kommt noch immer nicht herbei.
»Warum noch leb ich also?«

KRITYLLA. Weil die Raben nichts taugen!

VERWANDTER *(sieht Euripides kommen)*.

Doch irgendetwas streichelt gleichsam sanft mein
Herz.
Nicht täusch, o Zeus, mich in der Hoffnung, die da naht!

(Euripides tritt in der Rolle des schiffbrüchigen, in Lumpen aus Segeltuch bekleideten Königs Menelaos auf.)

EURIPIDES.
»Wer hat die Macht in diesem festgefügten Schloss«,
der Fremde aufnähm', die vom Wogenschwall des Meers
im Sturme und vom Schiffbruch schwer ermattet sind?

VERWANDTER.
»Des Proteus sind die Hallen.«

KRITYLLA. Was für eines Proteus, du dreifach elender Kerl? *(Zu Euripides.)* Er lügt, bei den beiden Göttinnen. Denn Proteas[309] ist schon zehn Jahre tot.

EURIPIDES.
Und welches Land erreichten wir mit unsrem Kiel?

VERWANDTER.
»Ägypten.«

EURIPIDES. »Wohin fuhr ich Unglückseliger!«

KRITYLLA. Glaubst du etwa diesem üblen Kerl, der zu einem üblen Tod verdammt ist, [880] wenn er solchen Quatsch daherquatscht? Dies hier ist das Thesmophorion.

EURIPIDES.
Ist Proteus denn im Hause oder außerhalb?

KRITYLLA. Es kann nicht anders sein, als dass du noch immer seekrank bist, Fremder, der du gehört hast, dass Proteas tot ist, und trotzdem fragst: »Ist er im Hause oder außerhalb?«

EURIPIDES.
Gestorben, ach! Wo ward im Grab er beigesetzt?

VERWANDTER.
»Dies ist sein Grabmal hier«, auf das ich mich
gesetzt.

KRITYLLA. Verrecken sollst du – und du wirst auch sicher verrecken –, der du es wagst, den Altar ein Grabmal zu nennen.[310]

EURIPIDES.
Warum nur nahmst du dieses Grabmal dir zum Sitz,
von einem Tuch verhüllt, o Fremde?

VERWANDTER. Zwingen will
mich Proteus' Sohn, mit ihm zu teiln das Ehebett.

KRITYLLA. Warum, du elender Kerl, versuchst du den Fremden schon wieder zu täuschen? *(Zu Euripides.)* Der da ist ein Schurke und kam hier herauf zu den Frauen, Fremder, um ihnen ihren Goldschmuck zu stehlen.

VERWANDTER *(zu Kritylla)*.
Ja, belfre und bewirf mir meinen Leib mit Schimpf!

EURIPIDES.
Wer ist das alte Weib, o Fremde, das dich schmäht?

VERWANDTER.
Theonoë ist's, Proteus' Tochter.

KRITYLLA. Nein, bei den beiden Göttinnen, ich bin Kritylla, Tochter des Antitheos aus Gargettos, du aber bist ein Schurke.

VERWANDTER.
Sag, was du willst,
denn niemals nehme deinen Bruder ich zur Eh',
geb meinen Mann in Troja, Menelaos, preis.

EURIPIDES.
Was sprachst du, Weib? Auf mich lenk deiner Augen
Strahl!

VERWANDTER *(nimmt das Tuch vom Kopf)*.
Ich schäm mich, bin doch an den Wangen ich entehrt.[311]

EURIPIDES.
Was ist das? »Mich erfasst fürwahr Sprachlosigkeit.
Welch Antlitz, Götter, seh' ich? Weib, wer bist du denn?«

VERWANDTER.
»Und wer bist du? Dasselbe Wort erfasst ja dich und
mich.«

EURIPIDES.
»Bist du Hellenin oder bist du heimisch hier?«
VERWANDTER.
»Hellenin, aber Kunde will ich auch von dir.«
EURIPIDES.
»Dass Helena gar sehr du gleichst, das sah ich, Weib.«
VERWANDTER.
»Und du dem Menelaos« – von den Lumpen[312] her.
EURIPIDES.
»Ganz recht erkannt hast du den unglücksel'gsten Mann.«
VERWANDTER.
»O komm – so spät! – in deiner Eh'gemahlin« – Fotz'.[313]
O nimm mich, nimm mich, Gatte, und umarme mich!
Komm, lass dich küssen. Nimm mich und bring mich weg, bring mich weg, bring mich weg, bring mich weg, ganz schnell![314]

(Euripides will seinen Verwandten mitnehmen, aber Kritylla tritt ihnen in den Weg.)

KRITYLLA. Nun, heulen wird jeder, bei den beiden Göttinnen, der dich wegbringen will, weil er geschlagen wird mit meiner Fackel.

EURIPIDES.
Du willst mich daran hindern, dass ich jetzt mein Weib,
Tyndareos' Tochter, mit nach Sparta nehm?

KRITYLLA. Weh mir, ein Schurke scheinst auch du selbst mir zu sein und irgendwie sein Ratgeber. Kein Wunder, dass ihr vorher herumägyptisiert habt. Aber der da wird seine Strafe kriegen. Denn da kommt der Prytane mit einem Bogenschützen.[315]

EURIPIDES *(leise zu dem Verwandten)*. Das ist schlecht. Ich muss mich wegschleichen.

VERWANDTER. Und was soll ich Unglückseliger tun?

EURIPIDES. Bleib ruhig. Ich werde dich niemals preisgeben, solange ich atme, falls mich nicht meine zahlreichen Strategien im Stich lassen. *(Geht ab.)*

VERWANDTER. Diese Angelschnur hat nichts heraufgezogen.[316]

PRYTANE. Ist das der Schurke, von dem Kleisthenes uns erzählt hat? [930] *(Zu dem Verwandten.)* He du, was ziehst du den Kopf ein? *(Zu dem Bogenschützen.)* Bring ihn hinein, Bogenschütze, und befestige ihn an dem Brett,[317] dann stelle ihn hier auf, bewache ihn und lass niemanden sich ihm nähern, sondern mit deiner Peitsche schlag zu, wenn sich jemand nähert.

KRITYLLA. Ja, gut, beim Zeus, denn eben noch hätte ihn mir beinahe weggestohlen ein – Segelschneider.[318]

VERWANDTER *(ergreift die rechte Hand des Prytanen)*. O Prytane, bei deiner Rechten, die du hohl hinzustrecken liebst, wenn jemand dir Geld bietet, gewähr mir eine kleine Gnade, obwohl ich sterben muss!

PRYTANE. Welche Gnade für dich?

VERWANDTER. [940] Mich nackt auszuziehen und dann an dem Brett festzumachen befiehl dem Bogenschützen, damit ich, ein alter Mann, nicht in Safrankleidern und mit einem Haarband die Raben zum Lachen bringe, wenn ich sie bewirte.

PRYTANE. Der Rat hat beschlossen, dass du mit diesen Sachen festgemacht wirst, damit für die Vorbeigehenden klar erkennbar wird, dass du ein Schurke bist.

VERWANDTER. O jemine! O Safrankleid, was hast du mir angetan! Und es besteht keine Hoffnung mehr auf Rettung. *(Wird von dem Bogenschützen ins Bühnenhaus geführt. Der Prytane und Kritylla gehen ab.)*

CHORFÜHRERIN.[319]

Auf denn, lasst heiter uns tanzen jetzt,
wie es Brauch ist hier bei den Frauen,

wenn die heil'gen Mysterien zur festlichen Zeit
wir für beide Göttinnen feiern,
die voll Ehrfurcht auch Pauson[320] mit Fasten begeht,
und er betet häufig zu ihnen mit uns,
dass Jahr für Jahr etwas Derartiges
ihm selbst stets wieder zuteil wird.

CHOR[321] *(formiert sich zum Tanz).*
Bewegt euch, schreitet
mit leichtem Fuße, stellt auf euch zum Kreis,
nehmt einander dann bei den Händen;
jede beginne den Rhythmus des Reigens
und tanze auf hurtigen Füßen. Kreisen lassen
muss jede den Blick und die Tanzordnung ganz
überschauen.

Und gleichzeitig soll
das Geschlecht der olympischen Götter
besingen und ehrn mit der Stimme nun jede
in der Ekstase des Tanzes.

Und wenn irgendwer
es erwartet, dass schlecht ich jetzt rede
als Frau über Männer am heiligen Ort, dann
ist er nicht ganz bei Verstande.

Doch müssen wir nun,
weil zu neuer Tat wir jetzt schreiten,
als Erstes des herrlichen Reigentanzes
zierlichen Schritt unterbrechen.

Schreite voran, und vom Meister der Lyra[322]
singe und auch von der Bogenschützin
Artemis, der keuschen Herrin.

Heil dir, o Ferntrefferin,
verleih uns den Sieg!
Und von Hera, der Ehestifterin
lasst uns singen, wie's recht ist,
die mittanzt in all unsren Reigen und
die Schlüssel des Ehebunds hütet.

Hermes, den Hirtengott, flehe ich an nun,
Pan auch und auch seine lieben Nymphen,
zuzulächeln unsren Tänzen
gütigen Sinns und sich
daran zu erfreun.
Und die zweifache Lust am Reigentanz[323]
lass voll Eifer beginnen.
Ihr Fraun, lasst uns tanzen dem Brauch gemäß;
wir halten uns schon an das Fasten.[324]

Nun springe, hei!, und drehe dich mit taktgerechtem Schritt;
das ganze Lied lass tönen.
Du, Herr, sollst selbst uns führen,
efeubekränzter Bakchos.
Ich will dich mit Gesängen,
die Tänze lieben, feiern.

Euios, lärmender Gott,[325]
des Zeus und der Semele[326] Sprössling,
der du dich freust auf den Bergen
an Reigen der Nymphen
zu lieblichen Liedern –
o Euios, Euios, euoi! –
beim Tanzen die ganze Nacht lang.

Um dich herum ertönt
vom Berg Kithairon[327] das Echo;
schattige Berge, die schwarz sind
vom Laub, und die Schluchten,
die felsigen, hallen,
und um dich herum sprosst der Efeu
mit Ranken und schönen Blättern.

(Der Bogenschütze kommt zurück. Sklaven tragen das Brett, woran der Verwandte am Hals sowie an den Hand- und Fußgelenken mit Klammern befestigt ist, und lehnen es an die Wand des Bühnenhauses.)

BOGENSCHÜTZE.[328] 'ier 'eul jetzt an der frisken Luft!

VERWANDTER. O Bogenschütze, ich flehe dich an –

BOGENSCHÜTZE. Du nix mick fle'n!

VERWANDTER. Lockere den Nagel!

BOGENSCHÜTZE. Ja, ick macken. *(Schlägt den Nagel, mit dem der eiserne Kragen befestigt ist, etwas tiefer ins Holz.)*

VERWANDTER. Weh mir Unglückseligem, du schlägst ihn noch tiefer ein!

BOGENSCHÜTZE. Nock tiefer wollen du? *(Schlägt nochmals auf den Nagel.)*

VERWANDTER. Au, au, au, au! Zum Henker mit dir!

BOGENSCHÜTZE. Sweig, elendes altes Mann! Okay, ick 'olen Matte, damit dir bewacken kann. *(Geht ab.)*

VERWANDTER. Diese optimale Lage verdanke ich Euripides! *(Sieht zur Seite und erblickt etwas, worauf er freudig reagiert.)* Ah! Ihr Götter, Retter Zeus, es gibt noch Hoffnung! Es scheint, der Mann wird mich doch nicht verraten, nein, er ist dort als Perseus aufgetaucht und hat mir ein heimliches Zeichen gegeben, dass ich Andromeda[329] werden muss. Auf jeden Fall bin ich schon gefesselt. Es ist also klar, dass er kommen wird, um mich zu retten. Er wäre sonst nicht vorbeigeflogen. *(Singt in der Rolle der Andromeda.[330])*

»Liebe Mädchen, liebe«,
wie könnt' ich entkommen nur
ganz unbemerkt vom Skythen?
»Hörst du,[331] die auf jeden Schrei
zurücksingt aus der Grotte?
Wink Gewährung, lasse mich«
zu meinem Weibe gehen!
»Mitleidlos er, der mich band,
den Ärmsten aller Menschen!«
Grad dem welken alten Weib
entflohn, muss doch ich sterben.
Längst als Wächter eingesetzt
hat aufgehängt der Skythe mich:
verlassen, freundlos, Rabenfraß!
»Siehst du? Nicht im Chor und nicht
bei gleichaltrigen Mädchen steh«
ich hier mit einem Stimmtopf,[332] nein,
»ich dien', in Bande fest verstrickt,
zum Fraß dem Untier« – Glauketes.[333]
»Nicht mit Liedern für die Braut,
sondern für Gefangene
bejammert mich, ihr Frauen, denn
Elendes litt ich elend« – o
ich Armer, Armer –, »litt auch von
Verwandten widerrechtlich Pein«,
obwohl ich flehte zu dem Mann
und Todesklage tränenreich
aufflammen ließ –
aiai, aiai, e, e! –
er, der mich erst einmal schor,
mir anzog dann das Safrankleid
und obendrein zum Heiligtum
mich schickte, wo die Frauen sind.

»O weh, mein Schicksal, welches mir
ein Gott erzeugt!
O ich – verflucht!
Wer wird nicht mein Leid, in dem
solch Unheil steckt, als unerwünscht betrachten?
Wenn doch vom Äther ein flammender Blitz mich –«
nein, den Barbaren töten wollt'!
»Nicht mehr zu schaun das unsterbliche Feuer
ist mir ja lieb«, weil ich aufgehängt wurde
in gottgesandtem kehledurchschneidendem
Leid zu den Toten auf schnellem Weg.

(Echo, eine ältere Frau, tritt auf.)

ECHO.
Heil, liebes Kind! Doch deinem Vater Kepheus, der
dich ausgesetzt, sei von den Göttern Tod gebracht!

VERWANDTER.
Wer bist du, die Erbarmen hat mit meinem Leid?

ECHO.
Echo, der Worte Widerhall und Spötterin –,
die letztes Jahr an diesem selben Ort dem Euripides persönlich beim Wettkampf[334] half. Also, mein Kind, du musst nun das Deine tun und bedauernswürdig weinen.

VERWANDTER. Und du musst danach im Widerhall weinen.

ECHO. Das lass nur meine Sorge sein. Jetzt fang du mit den Worten an.

VERWANDTER.[335]
O heilige Nacht,
wie weit du mit deinem Gespann fährst
durchquerend des heiligen Äthers Höhn
in der Sterne Glanz
durch den höchst erhabnen Olympos.[336]

ECHO.
erhabnen Olympos.

VERWANDTER.
Warum fiel Unglück im Übermaß 1070
mir, Andromeda, zu?
ECHO. mir, Andromeda, zu!
VERWANDTER.
Ich Arme, im Tod –
ECHO. Ich Arme, im Tod!
VERWANDTER.
Du tötest mich, Greisin, mit deinem Geschwätz!
ECHO.
mit deinem Geschwätz!
VERWANDTER.
Beim Zeus, deine Unterbrechungen sind
sehr lästig!
ECHO. sehr lästig!
VERWANDTER.
Lass, Guter,[337] alleine mich singen, und ich
werd' dankbar dir sein. Hör auf!
ECHO. Hör auf!
VERWANDTER.
Zum Henker mit dir!
ECHO.
Zum Henker mit dir! 1079
VERWANDTER.
Was ist mit dir los?
ECHO. Was ist mit dir los?
VERWANDTER. Du schwatzt!
ECHO. Du schwatzt!
VERWANDTER.
Dass dich ...!
ECHO. Dass dich ...!
VERWANDTER. Hau doch ab!
ECHO. Hau doch ab!

(Der Bogenschütze tritt mit der Matte auf.)

BOGENSCHÜTZE.
'e du da, was swatz?

ECHO. 'e du da, was swatz?

BOGENSCHÜTZE.
Ick ruf die Pritan!

ECHO. Ick ruf die Pritan!

BOGENSCHÜTZE *(bedroht den Verwandten mit der Peitsche)*.
Is slecht fir dich –

ECHO. Is slecht fir dich –

BOGENSCHÜTZE.
Wo das Stimme komm 'er?

ECHO *(hinter seinem Rücken)*.
Wo das Stimme komm 'er?

BOGENSCHÜTZE *(zu dem Verwandten)*.
Du swatz?

ECHO. Du swatz?

BOGENSCHÜTZE *(bedroht den Verwandten wieder mit der Peitsche)*.
Passen auf!

ECHO. Passen auf!

BOGENSCHÜTZE.
Du mick verars?

ECHO. Du mick verars?

VERWANDTER.
Ich nicht, die Frau in der Nähe, die ist's.

ECHO.
in der Nähe, die ist's.

BOGENSCHÜTZE.
Wo Drecksau sein?

VERWANDTER *(weist mit dem Kopf nach rechts)*.
Sie rennt davon.

BOGENSCHÜTZE *(läuft in die angezeigte Richtung)*.
Wo, wo du renn? Du nix mir fick!
ECHO *(von der linken Bühnenseite)*.
Du nix mir krieg![338]
BOGENSCHÜTZE *(läuft in Richtung der Stimme)*.
Du immer nock mucks?
ECHO *(hinter ihm)*.
Du immer nock mucks?
BOGENSCHÜTZE *(erblickt sie)*.
Das Drecksau pack!
ECHO *(entwischt ihm und geht ab)*.
Das Drecksau pack!
BOGENSCHÜTZE *(ruft ihr nach)*.
Du Swatzmaul Weib, du verfluckte!
(Euripides erscheint in der Luft, am Bühnenkran hängend, als Perseus; er trägt einen geflügelten Hut und Flügelschuhe und hält in der Hand das Haupt der Gorgo.)
EURIPIDES.[339]
»Ihr Götter, welch Barbarenland hab ich erreicht
auf schnellen Sohlen? Durch des Äthers Mitte schnitt
ich einen Pfad und lenkte meinen Flügelschuh,
ich, Perseus, steuernd Richtung Argos,[340] und ich trag'
der Gorgo Haupt.«
BOGENSCHÜTZE. Was du sagen? Du tragen Kopf von Gorgo,[341] die Sekretär?
EURIPIDES.
Das Haupt
der Gorgo, sag ich.
BOGENSCHÜTZE. Gorgo sagen auck ick.
EURIPIDES *(steigt auf die Bühne und blickt aus einiger Entfernung auf den Verwandten)*.
»Ah, welchen Felsen seh ich und, daran gebunden wie
ein Schiff, welch junge Maid, die einer Göttin gleicht?«

VERWANDTER.

»O fremder Mann, erbarm dich meiner schweren Not,
lös meine Bande!«

BOGENSCHÜTZE. Du nix swatz! Du bald tot Frau und wagen swatz, Verfluckter?[342] 1109

EURIPIDES.

Seh ich, wie du da hängst, »o Jungfrau, jammert's mich.«

BOGENSCHÜTZE. Is nix Jungfrau, nein, is böses altes Mann, is Dieb und Surke.

EURIPIDES.

Skythe, Unsinn redest du.
Dies ist Andromeda, des Kepheus Tochter doch!

BOGENSCHÜTZE *(hebt das Kleid des Verwandten hoch)*. Du Feige[343] ansaun! Nix se'en klein aus, nein?

EURIPIDES.

Auf, gib des Mädchens Hand mir, dass ich es berühr.
Schau, Skythe: Jeder Mensch ist ja von Leidenschaft
befalln; es hat die Liebe zu dem Mädchen hier
mich selbst ergriffen.

BOGENSCHÜTZE. Ick nix dir beneiden. Aber wenn Arslock is gedreht 'ier'er, [1120] ick nix Problem, du ihm nehmen und fick in Ars.

EURIPIDES.

Warum, o Skythe, lässt du mich sie nicht befrein,
damit auf Pfühl und Ehebett ich sink mit ihr?

BOGENSCHÜTZE. Wenn du viel geil bist auf Arsfick mit altes Mann, bohren Lock in Brett und macken in Arslock von 'inten!

EURIPIDES.

O nein, beim Zeus, ich lös die Bande.

BOGENSCHÜTZE. Dann ick dir geben mit Peitse!

EURIPIDES.

Und doch werd' ich es tun.

BOGENSCHÜTZE. Dann ick dir Kopp ab'acken mit großes Messer 'ier.

EURIPIDES *(beiseite)*.

O je, was tun? Zu welchen Worten wend ich mich?
Doch Worte nähme des Barbaren Sinn nicht auf.
»Denn Toren neue Weisheit nah zu bringen«,[344] wär'
verlorne Mühe. Nein, ein andres Mittel, das
zu diesem Manne besser passt, sei angewandt. *(Geht ab.)*

BOGENSCHÜTZE. Mieses Fucks, was fir Affentricks hat mit mir versuckt!

VERWANDTER. Denke daran, Perseus, wie elend du mich zurücklässt!

BOGENSCHÜTZE. Du wohl nock wollen Peitse kriegen? *(Legt sich auf die Matte und schläft während des Chorgesangs ein.)*

CHOR.[345]

Pallas, welche die Tänze liebt,
ziemt mir, zu rufen hier zum Tanz,
sie, die eh'lose Jungfrau,
welche unsere Stadt bewacht,
einzig sichtbare Macht hat und
»schlüsselhaltend« genannt wird.
Erscheine, wie's recht ist,
Tyrannen Abholde!
Schau, es ruft dich das Volk der Fraun:
Komm und bringe herbei zu mir
Feste liebenden Frieden.
Kommt auch ihr, unsre Herrinnen,
freundlich und gnädig in euren Hain,
wo ihr, Männern zu sehn versagt,
heilige Riten im Fackelschein
zeigt, ein unsterbliches Schauspiel.

Nahet euch, kommt, wir bitten euch drum,
Thesmophoren, Hochehrwürdige!
Wenn ihr, gerufen, schon früher jemals
herkamt, findet auch jetzt euch ein –
wir flehen euch an – bei uns hier.

(Euripides tritt, als Kupplerin kostümiert und eine kleine Harfe tragend, in Begleitung der Tänzerin Elaphion und des Flötenspielers Teredon auf.)

EURIPIDES *(zum Chor)*. [1160] Ihr Frauen, wenn ihr für die Zukunft Frieden mit mir schließen wollt, ist jetzt Gelegenheit unter der Voraussetzung, dass künftig niemals irgendetwas Böses von mir über euch gesagt wird. Das ist mein offizielles Angebot.

CHORFÜHRERIN. Zu welchem Zweck trägst du diesen Vorschlag vor?

EURIPIDES. Der Mann hier an dem Brett ist mein Verwandter. Wenn ich ihn mitnehmen kann, wird niemals irgendetwas Böses über euch von mir gesagt werden. Falls ihr euch aber nicht von mir überzeugen lasst, werde ich die Dinge, die ihr heimlich zu Hause treibt, euren Männern, wenn sie vom Feldzug wieder da sind, anzeigen.

CHORFÜHRERIN. [1170] Was uns betrifft, so wisse, dass du uns überzeugt hast, aber den Barbaren hier überzeuge du selbst.

EURIPIDES. Das ist meine Aufgabe. *(Zu Elaphion.)* Und deine ist, Elaphion,[346] das, was ich dir auf dem Weg gesagt habe, im Gedächtnis zu behalten und zu tun. Zuerst also gehe auf und ab und schwinge deine Hüften. Und du, Teredon,[347] blase eine persische Melodie.[348]

(Die beiden tun, was Euripides ihnen gesagt hat, woraufhin der Skythe erwacht.)

BOGENSCHÜTZE. Was is fir Lärm? Wecken Schwärmer mir auf?

EURIPIDES. Das Mädchen war grade im Begriff zu üben, Bogenschütze. Sie geht nämlich zu einigen Herren, um zu tanzen.

BOGENSCHÜTZE. Sie tanzen und sie iben, ick nix ’indern. [1180] Wie flink is! Wie Floh auf Wolldecke.

EURIPIDES *(zu Elaphion)*. Komm, mein Kind, zieh deinen Umhang über den Kopf. *(Elaphion zieht den Umhang aus, unter dem sie nackt ist.)* Setz dich auf die Knie des Skythen und streck deine Füße aus, damit ich dir die Sandalen ausziehen kann. *(Elaphion zögert.)*

BOGENSCHÜTZE. Ja, ja, sitz, sitz, ja, ja, Töckterken. *(Sie setzt sich auf seine Knie und er beginnt, sie zu betasten, während Euripides ihr die Sandalen auszieht.)* Oho, wie fest Titten sein, wie Ribe! *(Elaphion steht auf und tanzt.)*

EURIPIDES *(zu Teredon)*. Blase du schneller! *(Zu Elaphion.)* Fürchtest du dich noch vor dem Skythen?

BOGENSCHÜTZE. Ja, söne Ars! *(Zu seinem Phallos.)* Dir soll leid tun, wenn nix drinbleiben. *(Versucht, den Phallos versteckt zu halten, öffnet aber dann die Hose und präsentiert seine Erektion.)* Da, das ganz okay so mit mein Swanz.

EURIPIDES *(zu Elaphion)*. Gut so! Nimm deinen Umhang. Es ist jetzt Zeit [1190] für uns zu gehen. *(Elaphion greift zu dem Umhang, aber der Bogenschütze hindert sie daran, ihn anzulegen.)*

BOGENSCHÜTZE. Sie nix erst kissen mich?

EURIPIDES. Unbedingt! Küss ihn! *(Elaphion gibt dem Skythen einen längeren Kuss.)*

BOGENSCHÜTZE. Oh, oh, oh, ah, ah, ah! Wie sieß Zunge is – wie attises ’onig.[349] Warum nix slaf mit mir?

EURIPIDES *(zieht Elaphion von ihm weg)*. Leb wohl, Bogenschütze! Denn das kann nicht stattfinden.

BOGENSCHÜTZE. Dock, dock, altes Frau, tu mick Gefallen!

EURIPIDES. Bezahlst du dann eine Drachme?[350]

BOGENSCHÜTZE. Ja, ja, ick zahlen.

EURIPIDES. Gib also das Geld her.

BOGENSCHÜTZE. Aber ick nix hab. *(Bietet ihm seinen Bogenkasten an.)* 'alt, nehmen Aufbewahrfack fir Bogen. Später bringen zurick. *(Zu Elaphion.)* Kommen mit, Kind! *(Zu Euripides.)* Du aufpassen auf das alte Mann da, Omacken. [1200] Wie du 'eißen?

EURIPIDES. Artemisia.

BOGENSCHÜTZE. Ick also Name erinnern: Artamuxia. *(Geht mit Elaphion in das Bühnenhaus.)*

EURIPIDES. Listiger Hermes,[351] das machst du wieder schön. *(Gibt Teredon die Harfe und den Köcher.)* Lauf du nun weg, Kind, und nimm das hier mit. *(Teredon ab.)* Und jetzt mache ich den da los. *(Zu dem Verwandten, während er die Klammern von dem Brett löst.)* Und du, wenn du losgemacht bist, renne möglichst schnell weg wie ein Mann und begib dich nach Hause zu deiner Frau und deinen Kindern!

VERWANDTER. Das lass nur meine Sorge sein, sobald ich losgemacht bin.

EURIPIDES. Losgemacht bist du. Es ist an dir nun, lauf weg, bevor der Bogenschütze kommt und dich festnimmt. *(Läuft weg.)*

VERWANDTER. Genau das tu ich. *(Läuft Euripides hinterher.)* *(Der Bogenschütze kommt mit Elaphion zurück.)*

BOGENSCHÜTZE. [1210] Omacken, wie lieb sein deine Töckterken, nix sprede, nein, sanft. Wo sein Omacken? O weh, ick kaputt. Wo sein altes Mann weg von 'ier? Omacken, Oma, nix mir gefallen, Omacken. Artamuxia! Altes Weib mir reinlegen. *(Zu Elaphion.)* Du nacklaufen, so snell du kann! *(Elaphion ab.)* Ricktig heißen Bogenfack: Ick verlieren durch Fuck.[352] O weh, was ick macken? Wo is Omacken? Artamuxia!

CHORFÜHRERIN. Fragst du nach der alten Frau, die die Harfe trug?

BOGENSCHÜTZE. Ja, ja. Du ihr se'en?

CHORFÜHRERIN. Dorthin ist sie gegangen *(zeigt zur linken Seite)*, sie selbst, und ein alter Mann ging hinter ihr her.

BOGENSCHÜTZE. Altes Mann tragen Safrankleid?

CHORFÜHRERIN. Das stimmt. Du könntest sie noch erreichen, wenn du ihnen dorthin nachläufst. *(Zeigt zur rechten Seite.)*

BOGENSCHÜTZE *(läuft erst in die eine, dann in die andere Richtung)*. Mieses altes Frau. Welches Weg ich besser laufen? Artamuxia!

CHORFÜHRERIN *(immer wieder in verschiedene Richtungen zeigend)*. Folge ihnen geradeaus dort hinauf. Wohin rennst du? Willst du ihnen nicht dorthin folgen? Du läufst ja verkehrt!

BOGENSCHÜTZE. Verfluckt! Aber ick laufen. Artamuxia! *(Läuft von der Bühne.)*

CHORFÜHRERIN.[353] Laufe nun hinter ihnen her zum Geier, und gute Reise!

Nun denn, wir haben genug uns vergnügt,
drum ist's Zeit für jede von uns jetzt,
nach Hause zu gehn. Und es mögen Dank
uns für dies Spiel
abstatten die Thesmophoren.

ANHANG

Anmerkungen

1 Lysistrate ist ein sprechender Name: »die das Heer Auflösende«. Die hier und im Folgenden gegebenen Bühnenanweisungen entsprechen im Wesentlichen denjenigen in der Übersetzung Sommersteins, sind aber auf das Wichtigste beschränkt.

2 Genetyllis ist Beiname der Aphrodite als einer Geburtsgöttin, die in Kolias nahe bei Athen ein Heiligtum hatte. Sie, Bakchos und Pan wurden in dionysisch-orgiastischen Festen gefeiert.

3 Mit »groß« meint Lysistrate »wichtig«, aber Kalonike bezieht das Adjektiv auf einen Penis.

4 Im Original steht hier wie vorher *leptón*, was »dünn, klein« bedeutet – insofern passt es zur Vorstellung von dem durch vieles »Herumwälzen« klein gewordenen »Ding« –, aber auch übertragen »subtil, fein, delikat« und damit auf die politische Situation Athens im Jahre 411 v. Chr. anwendbar ist; mit dem deutschen »labil« versuche ich, beides zu verbinden.

5 Man erwartet wohl »mit den Frauen und Kindern«, Kalonike sind aber die wohlschmeckenden Aale des Kopaissees in Böotien wichtiger.

6 Demeter und ihre Tochter Persephone, die vornehmlich von Frauen angerufen werden.

7 Dem griechischen Wortspiel liegt die Doppelbedeutung von *kélēs* (1. Reittier; 2. Boot) und *diabaínein* (1. <von Salamis zum Festland> übersetzen; 2. die Beine auseinandergrätschen) zugrunde. Es wird auf die sogenannte »Reiterstellung« beim Koitus angespielt.

8 Im Griechischen der Ortsname Anagyros, der auch »Stinkbaum« bedeutet.

9 Im Griechischen (wörtlich übersetzt) »der Stinkbaum geschüttelt«; d. h., es wurde an etwas gerührt, das besser in Ruhe gelassen worden wäre.

10 Kastor und Polydeukes, Schutzgötter Spartas.

11 Wie die Männer Spartas betrieben auch die Frauen körperliche Ertüchtigung durch Sport. Der spartanische Dialekt wird hier altbairisch wiedergegeben.

12 Die Frau entspricht also mit ihrer üppigen Erscheinung einem in der Antike verbreiteten Schönheitsideal.
13 Statt des Namens einer Stadt nennt Kalonike den eines vermutlich unzuverlässigen und bestechlichen athenischen Feldherrn.
14 Die Stadt Pylos an der Westküste der Peloponnes war seit der Eroberung der vorgelagerten Insel Sphakteria durch Kleon im Jahre 425 v. Chr. ein strategisch wichtiger Stützpunkt der Athener.
15 In Milet, das im Sommer 412 v. Chr. von Athen abfiel, wurden offenbar Lederphalloi hergestellt. Im griechischen Text steht *skytinè epikouría* (»lederne Hilfe«), ein Wortspiel mit *sykinè epikouría*, das, wörtlich »Hilfe aus Feigenholz« bedeutend, im Sinne von »nutzlose Hilfe« verwendet wurde.
16 Das griechische Wort für »vertrinken« bedeutet auch »ausgeben, verschwenden«, so dass man die Bereitschaft zum Verkauf des Mantels als Bereitschaft zu einer Spende für den Frieden verstehen kann. Aber Frauen gelten in der Komödie als trunksüchtig, weshalb Kalonike offensichtlich kein wirkliches Opfer bringen will.
17 Ein ähnliches Bild von der Halbierung menschlicher Körper verwendet Aristophanes in Platons *Gastmahl* 191D.
18 Die höchste Erhebung des Taygetos, eines Gebirges bei Sparta, beträgt 2407 Meter.
19 Diese Fragesätze spricht Lysistrate im pathetischen Tonfall der Tragödie; daher sind sie hier in jambischen Trimetern wiedergegeben.
20 In der *Tyro*, einer Tragödie des Sophokles (497/96–406/05 v. Chr.), setzt die Titelheldin ihre von Poseidon empfangenen Zwillinge Neleus und Pelias in einem Zuber auf einem Fluss aus.
21 Leicht entstellte Wiedergabe der in dem (verlorenen) Epos *Kleine Ilias* dargestellten Szene, in der Menelaos nach der Eroberung Trojas sich durch den Anblick der Schönheit Helenas davon abbringen ließ, sie zu töten; vermutlich spielt hier die Fassung des Mythos in der um 430 v. Chr. aufgeführten *Andromache* (V. 627-631), einer Tragödie des Euripides (485/80 – 406 v. Chr.), herein.
22 Wörtlich stand in einer verlorenen Komödie des Pherekrates (5. Jh. v. Chr.): »den enthäuteten Hund enthäuten.« Lysistrate benutzt hier »Hund«, wie in Athen offenbar durchaus üblich, für Penis,

meint aber den bereits durch »Enthäutung« entstandenen Dildo, den die von den Männern links liegen gelassenen Frauen »abwetzen« sollen, um sich an ihm ersatzweise zu befriedigen.

23 Für Lampito, die unter aristokratischer Herrschaft lebt, ist die Bevölkerung des demokratischen Athen Pöbel (altbair. »Gschwerl«).

24 Die Füße eines Schiffes sind die Ruder.

25 Staatsgelder wurden in Athen auf der Akropolis in einem Tempel der Göttin Athene aufbewahrt; im Jahre 411 v. Chr. waren sie allerdings stark verringert.

26 Lysistrate präsentiert mit der Frau, die offensichtlich ihre Sklavin ist, deshalb eine Skythin, weil diese hier entsprechend der Tradition, dass Skythen in Athen Polizeidienst versahen, einen »Schild« trägt: die Weinschale.

27 Man stand bei einem Eid auf den Geschlechtsteilen eines Opfertiers.

28 Anspielung auf V. 42-48 der Tragödie *Sieben gegen Theben* von Aischylos (525/24 – 456/55 v. Chr.). Dort wird berichtet, die sieben Helden, welche die Stadt angreifen, hätten »Stieropfer schlachtend« (V. 43a, den Lysistrate mit V. 189a bei Aristophanes evoziert) geschworen, Theben entweder zu zerstören oder beim Angriff zu sterben, und dabei das Blut des Opfertiers in einen Schild fließen lassen.

29 Kalonike spielt mit ihrem Vorschlag vielleicht auf ein Pferdeopfer an, das dem Mythos zufolge die Freier Helenas darbrachten (Pausanias 3,20,9). Ein solches wäre hier freilich absurd.

30 Beim Trinkgelage wurde manchmal ausgelost, wer zuerst trinken durfte.

31 Für die bei dieser Stellung in die Höhe gestreckten Beine stehen hier Schuhe, die Frauen gerne trugen.

32 Gemeint ist eine Stellung, bei der die Frau an eine zum Sprung geduckte Löwin erinnert: Sie ist nach vorn gebeugt, stützt sich mit den Händen auf dem Bett oder dem Fußboden ab, und der Mann penetriert sie vaginal oder anal. Eine Käseraspel, auf der dies abgebildet ist, hat sich nicht erhalten.

33 Gemeint sind außer den Spartanerinnen die ebenfalls zum feindlichen Lager gehörenden Korintherinnen und Thebanerinnen.

Denkbar wäre auch, dass Lysistrate von allen Frauen außer Lampito spricht. Denn der weitere Verlauf des Stückes zeigt, dass diese den Liebesstreik nicht, wie zunächst geplant, zu Hause, sondern auf der Akropolis durchführen. Dafür würde Lysistrate mit ihrer »Geiselnahme« die Voraussetzung schaffen.

34 Chorführer und Chor sprechen bzw. singen in jambischen Metren, die auch im Deutschen zwanglos verwendbar sind. Hier soll der Rhythmus der Silbenfolge *kurz/lang* den schwerfälligen Einmarsch der alten Männer begleiten.

35 Gemeint ist ein Bild der Athene, das auf der Akropolis wahrscheinlich im Erechtheion stand.

36 Die Propyläen sind das große Eingangstor zur Akropolis auf der Westseite.

37 Der hier aus einem unbekannten Grund indirekt Attackierte war 399 v. Chr. einer der Ankläger des Sokrates.

38 Hier wird ins Komische verzerrt, dass der Spartanerkönig Kleomenes 510 v. Chr. auf der Akropolis (zwei Tage, nicht sechs Jahre) eingeschlossen und zur Kapitulation gezwungen wurde.

39 Hier und an anderen Stellen wird der Tragödiendichter als Misogyne hingestellt, weil er mehrere von Affekten beherrschte Frauen wie Medea und Phaidra zu Protagonistinnen seiner Stücke machte.

40 Im Originaltext heißt es »in der Tetrapolis«; zu ihr gehörte außer Oinoe, Probalinthos und Trikorynthos der durch einen Sieg der Athener gegen die Perser im Jahre 390 v. Chr. berühmt gewordene Ort Marathon.

41 Auf der Insel Lemnos hatte Hephaistos, der Gott des Feuers (bei den Römern Vulcanus) der Sage nach seine Schmiede. Aristophanes spielt hier mit dem Anklang des Adjektivs *Lémnios* (lemnisch) an *lḗmē* (Augenbutter).

42 In seiner Erregung führt er den Satz nicht, wie er ihn angefangen hat, weiter.

43 Vermutlich ist dies ein Seitenhieb auf die sechs von insgesamt zehn athenischen Strategen, die sich seit 412 v. Chr. auf Samos aufhielten, dem wichtigsten Flottenstützpunkt des Stadtstaates, und dort offenbar untätig waren.

44 Die Siegesgöttin.
45 Deshalb sind die Verse des Liedes, das der Chor der alten Frauen bei seinem Auftritt singt, in Trochäen wiedergegeben.
46 Entlaufene Sklaven wurden, wenn man sie wieder einfing, gebrandmarkt.
47 Gemeint ist die Göttin Athene mit dem Beinamen Tritogeneia.
48 Für den Wortwechsel zwischen Chorführerin und Chorführer wurden wieder Jamben gewählt.
49 Gegner des Jambendichters Hipponax (6. Jh. v. Chr.), dem von diesem Schläge angedroht wurden.
50 Sie, die sich hier selbst als Prostituierte (»Hündin«) bezeichnet, will damit sagen, dass sie ihm die Hoden abreißen wird.
51 Vgl. Anmerkung 39. Ob das Zitat von Euripides stammt, wissen wir nicht.
52 Gemeint ist, dass der Angeredete ihr nur dann Schweigen gebieten könnte, wenn er jetzt als einer der Richter bei einem Prozess fungieren würde.
53 Acheloos, der größte griechische Fluss, galt als Herr über die Gewässer und dient hier als Metapher für eine große Wassermenge.
54 Zu dem griechischen Begriff *próboulos* (»Probule«) vgl. die Einleitung S. 16.
55 Sabazios ist ein phrygischer, manchmal mit Dionysos gleichgesetzter Gott, dem zu Ehren in Athen vor allem Frauen und Sklaven orgiastische Feste feierten. Da die Frauen, wie hier behauptet wird, im Rahmen einer ähnlich orgiastischen Feier ihre ekstatische Klage über den Tod des semitischen Heros Adonis während der von dem Ratsherrn genannten Volksversammlung abhielten, erfolgte der dort gefasste Beschluss (vgl. Anm. 56) unter schlechten Vorzeichen.
56 415 v. Chr. beschlossen die Athener auf Vorschlag des Demostratos die sizilische Expedition, die für sie mit einer katastrophalen Niederlage endete.
57 Insel vor der Westküste Griechenlands.
58 Im Originaltext steht in Anspielung auf Buzyges, den Familiennamen des Demostratos, *Cholozyges*; darin steckt *cholḗ*, die schwarze Galle, die, wenn ein Mensch zu viel davon hatte, diesen

nach antiker Auffassung verrückt machte.

59 Weil der Schwerpunkt der Attacke sich vorübergehend auf Demostratos verlagert hat, wirkt das Zurücklenken auf die Frauen etwas gezwungen, was aber vielleicht komisch wirken soll.

60 Das griechische Wort *orchuménēs* (»als sie tanzte«) spielt vielleicht auf *órcheis* (»Hoden«) an. »(Tür-)Zapfen« als wichtigste Bedeutung von *bálanos* neben »Eichel« wurde, obwohl das Wort hier einen Knopf an dem Halsband bezeichnet, wegen der obszönen Konnotation gewählt.

61 Sie ist eine Tochter des mythischen Athenerkönigs und Gottes Kekrops. Zusammen mit ihrer Schwester Aglauros wurde sie in Heiligtümern auf der Akropolis verehrt.

62 Wahrscheinlich ist Hekate, die von Frauen verehrt wurde, gemeint, hier in ihrer Eigenschaft als Mondgöttin. Sie war auch Göttin der Zauberei und Gespenster und wurde sowohl mit Artemis als auch mit Persephone gleichgesetzt.

63 Die runde kalte Seite einer Schöpfkelle legte man auf eine entzündete Stelle wie heute einen Eisbeutel.

64 Beiname der Artemis.

65 Adjektiv, wie es in der pathetischen Sprache der zeitgenössischen Tragödie hätte verwendet werden können.

66 Komische Anspielung darauf, dass die Sieger in einer Schlacht den gefallenen Feinden die Rüstung auszogen und die Waffen abnahmen.

67 Weil sie sich dort »Galle«, d.h. männlichen Mut, antrinken können.

68 Evoziert wird offenbar die Situation, dass jemand, der wilden Bienen ihren Honig wegnehmen will, sich irrtümlich an einem Nest vergreift, das einem Schwarm von (sprichwörtlich als besonders reizbar geltenden) Wespen gehört.

69 Der Männerchor eröffnet nun mit einer von zwei (metrisch einander korrespondierenden) Strophen eines (hier in Jamben, Trochäen und Anapästen wiedergegebenen) Liedes (die zweite, vom Frauenchor gesungen, umfasst V. 541-548) die fest in eine aristophanische Komödie integrierte Szene, in der ein zweiteiliger Agon (Redewettkampf) ausgetragen wird (V. 476-540 und 541-607). Der

Chorführer bzw. die Chorführerin fordern zur ersten bzw. zur zweiten Runde in je zwei anapästischen Versen auf (V. 484 ff. bzw. 549 ff.).

70 Peisander, ein athenischer Staatsmann während des Peloponnesischen Krieges, wird in der zeitgenössischen Komödie als bestechlicher Kriegshetzer attackiert. Nicht lange nach der Aufführung der *Lysistrate*, im Sommer 411 v. Chr., machte er sich zum Führer des von ihm schon seit Anfang des Jahres zielstrebig vorbereiteten oligarchischen Umsturzes der 400 Männer.

71 Staatliche Urkunden, Vertragsdokumente usw. wurden durch Inschriften öffentlich bekannt gegeben.

72 Das sagt in einer bekannten Szene der *Ilias* Homers Hektor zu seiner Frau Andromache (6,492), freilich nicht, um sie abzuwimmeln, sondern nach einer längeren Rede, in der er liebevoll seine Fürsorge für sie und den gemeinsamen Sohn Astyanax zum Ausdruck gebracht hat.

73 Lysistrate wird zusammen mit den auf der Bühne befindlichen älteren Frauen angeredet.

74 Priester der Muttergottheit Kybele, die einen Waffentanz aufführen.

75 Ungeheuer, dessen Anblick versteinert und dessen von Perseus abgeschlagenes Haupt Athene auf ihrem Schild trägt; daher »zierte« ihr Bild auch manchen Schild griechischer Krieger.

76 König von Thrakien, der, nachdem er Philomela, die Schwester seiner Frau Prokne, brutal vergewaltigt hat, von den beiden Frauen seinen Sohn Itys zum Mahl vorgesetzt bekommt und danach in einen Wiedehopf verwandelt wird, während Philomela die Gestalt der Nachtigall und Prokne die der Schwalbe erhält.

77 Der Dichter lässt es nicht so weit kommen, dass Lysistrate sagt »um sie nie wiederzusehen« und damit auch die Zuschauer an die zahllosen Gefallenen des Krieges erinnert.

78 Damit soll offenbar auf dem Gang in die Unterwelt der Hund Kerberos besänftigt werden.

79 Kränze und Kopfbinden gehörten zum Bestattungsritual.

80 Er ist im Mythos der Fährmann, der die Toten über den Unterweltsfluss Acheron setzt.

81 Die nun folgende Chorszene (V. 614-705) steht an der Stelle, die sonst die sog. Parabase einnimmt (vgl. die Einleitung S. 21f.). Hier sind die Chorlieder jambisch-trochäisch, die Rezitative wie im Original in katalektischen trochäischen Tetrametern wiedergegeben.
82 Hippias war 528/27 – 510 v. Chr. Tyrann in Athen.
83 Kleisthenes, in mehreren Komödien des Aristophanes als effeminiert und als passiver Partner in mann-männlichen Beziehungen verspottet, kann natürlich auch gut als Bundesgenosse der Frauen herhalten.
84 Anspielung auf die drei Obolen, die den Geschworenen für ihre Teilnahme an den Gerichtsverhandlungen täglich gezahlt wurden.
85 Zitat von Vers 1 des Liedes auf die Tyrannenmörder Harmodios und Aristogeiton, deren Standbilder auf dem Marktplatz in Athen standen. Die Drohgebärde, welche offenbar die Statue Aristogeitons machte, imitiert der Chorführer auf komische Weise gegenüber der Chorführerin.
86 Die *arrhēphóros* trug beim Panathenaienfest in der Prozession das Gewand und andere Heiligtümer der Athene.
87 Auch das Mahlen von Mehl, aus dem Opferkuchen für Athene gebacken wurden, gehörte zu den Aufgaben athenischer Mädchen.
88 Bei einem alle vier Jahre im Heiligtum der Artemis in Brauron veranstalteten Fest fand eine Zeremonie als *rite de passage* für junge Mädchen statt, bei der diese als Bärinnen verkleidet waren.
89 Beim Panathenaienfest trugen junge Mädchen, die mit einer Kette aus getrockneten Feigen geschmückt waren, einen Korb.
90 Die Kriege der Griechen gegen die Perser dauerten von 490 bis 449 v. Chr.; das Ende lag also zur Zeit der Aufführung der *Lysistrate* 38 Jahre zurück.
91 Kastell in Attika, das die alten Männer als »Weißfüße«, d. h. mit staubigen Füßen, während der Erhebung gegen die Tyrannis angegriffen haben wollen.
92 Königin von Karien, die 480 v. Chr. den Perserkönig Xerxes mit fünf Schiffen im Kampf gegen die Griechen unterstützte.
93 Etwa in der Mitte des 5. Jahrhunderts v. Chr. schmückte dieser Maler mit einer Darstellung der Amazonenschlacht die »Bunte Halle« (*stoá poikílē*), nach der später die Stoa benannt wurde. Der

Sage nach eroberten die Amazonen die Akropolis – implizit werden mit ihnen hier offensichtlich Lysistrate und deren Anhängerinnen gleichgesetzt –, unterlagen dann aber einem Heer des Athenerkönigs Theseus.

94 Wörtlich: »und ich helf dir beim Gebären wie ...«. Anspielung auf die Fabel Nr. 3 in der unter Äsops Namen überlieferten Augustana-Sammlung; darin wird erzählt, wie ein Mistkäfer, der von einem Adler gedemütigt wurde, dessen gerade gelegte Eier aus dem Nest rollt und zerbrechen lässt.

95 Vgl. Anm. 62; dieser Göttin wurde u. a. im Zusammenhang mit der Geburt und Aufzucht von Kindern geopfert.

96 Vgl. Anm. 5.

97 Gemeint ist offenbar ein Dekret, demzufolge Handel mit den Feinden Athens untersagt wurde.

98 Die beiden Verse parodieren wieder einmal den pathetischen Tonfall der Tragödie. Er wird auch in den unmittelbar folgenden Versen evoziert. V. 706-717 sind deshalb in jambischen Trimetern wiedergegeben.

99 Sie lag am Nordhang der Akropolis, und man konnte wohl von oben durch eine Felsspalte dorthin gelangen. »Spalte« hat freilich auch obszöne Bedeutung.

100 Es ist gut denkbar, dass *stroûthos* (»Sperling«) wie das lateinische Lehnwort *strutheum* »Penis« bedeuten konnte. Sommerstein verweist zur Stelle auf Vasengemälde, auf denen eine Frau auf einem Vogel reitet, dessen Kopf ein Phallos mit entblößter Eichel ist.

101 Der Mann ist nicht weiter bekannt, war aber vermutlich ein Frauenheld.

102 Vgl. Anm. 62.

103 Sie wurde als Geburtsgöttin angerufen. Kinder durften nicht in einem Heiligtum, also auch nicht auf der Akropolis, zur Welt gebracht werden.

104 Vermutlich hat sie ihn der Athenestatue des Pheidias auf der Akropolis entwendet.

105 Das Wortspiel *kynên* (»Helm« im Akkusativ Singular) und *kyeîn* (»schwanger sein«) lässt sich im Deutschen nicht nachahmen.

106 Es wurde fünf Tage nach der Entbindung gefeiert.

107 Falls sie das heilige Tier wirklich sah – schon in der Antike wurde bezweifelt, dass es existierte –, weckte es dann phallische Assoziationen?

108 Orakelsprüche wurden in daktylischen Hexametern verkündet.

109 Die Flucht der Schwalben vor den Wiedehopfen spielt auf den Tereus-Mythos an (vgl. Anm. 76), aber das griechische Wort für Schwalbe, *chelidṓn*, konnte auch »Vagina« bedeuten. Als eine Art Ersatz für das im Deutschen nicht nachzuahmende erotische Innuendo soll das Wortspiel in Vers 3 des zweiten Orakels dienen.

110 Die beiden Strophen des Chorliedes sind in Anlehnung an das Original in Trochäen wiedergegeben, die Rezitative wie in der Vorlage in katalektischen trochäischen Dimetern.

111 Melanion (Milanion) liebt die Jägerin Atalante und zieht sich, weil sie ihn verschmäht, in die Wildnis zurück – aber nicht aus Frauenhass, sondern weil er ihr durch Jagderfolge imponieren will; der Mythos wird also von den Männern »uminterpretiert«.

112 Er war ein bedeutender athenischer Feldherr um die Mitte des 5. Jahrhunderts v. Chr., Phormion ein erfolgreicher Admiral zu Beginn des Peloponnesischen Krieges.

113 Das entsprechende griechische Adjektiv *melámpygos* (»mit vielen dunklen Haaren am Arsch ausgestattet«) ist Metapher für »stark, tapfer«.

114 Timon, der vor allem durch einen Lukian-Dialog und Shakespeares Drama bekannte Misanthrop, hasste durchaus auch, ja ganz besonders, die Frauen.

115 Etwa dies dürfte in dem hier fehlenden Vers gestanden haben.

116 Im Griechischen hört man hier bei *orthḗ* (»aufrecht«) »erigiert« mit; Aphrodite wird also gebeten, das Unternehmen der Frauen weiterhin zu begünstigen, indem sie die Männer mit Libido erfüllt.

117 Beiname der Demeter.

118 Der Name ist gewählt, weil er an das Verb *kineîn* (wörtl. »bewegen«) anklingt, das u. a. für den Vollzug des Liebesakts verwendet wird. Bei dem Namen Myrrhine konnten die Griechen *myrtínē* assoziieren, das außer »Myrte« auch »Vagina« bedeutet.

119 Der Humpen, bei dem die Frauen V. 194 ff. ihren Eid schworen.

120 Im griechischen Text lautet der Name des (in Nordattika gelegenen) Ortes Paionidai. Er ist hier verwendet, weil er an *paíein* (»stoßen, ficken«) anklingt.

121 Bis hier spricht er mit dem Pathos einer Tragödienfigur.

122 Etwa dieser Gedanke dürfte vor dem nächsten Satz, der ein »nämlich« enthält, in den Handschriften ausgefallen sein.

123 Quelle neben der Pansgrotte. Ein Heiligtum wie die Akropolis durfte man nach Geschlechtsverkehr nur betreten, wenn man sich rituell gereinigt hatte.

124 Der Held, in Komödien als Vielfraß dargestellt, wurde mit seiner Lust am Essen und Trinken länger hingehalten oder um das Begehrte geprellt.

125 Es hatte offenbar nicht die beste Qualität.

126 Die Verse sind entsprechend dem Original in Anapästen wiedergegeben.

127 Spitzname eines Philostratos, der offensichtlich Zuhälter war und Kinesias nun eine »Amme« für sein »Kind«, d. h. seinen Phallos, verschaffen soll.

128 Die 50 Mitglieder des diensttuenden Ratsausschusses, die den Vorsitz bei der Volksversammlung hatten.

129 *Pellana* (attisch *Pellene*) im Originaltext bezeichnet nicht nur einen mit Sparta verbündeten Stadtstaat in der nördlichen Peloponnes, sondern auch die weibliche Scham. Hier wurde der Name der antiken Römerprovinz *Moesia* eingesetzt.

130 Der Hirtengott galt als besonders lasziv und wurde deshalb gelegentlich mit erigiertem Phallos dargestellt.

131 Laternenträger beugten sich über das Licht, um den Wind abzuwehren.

132 Die Rezitative der nachfolgenden Chorszene (V. 1014-1071) habe ich in katalektischen trochäischen Tetrametern wiedergegeben (V. 1036-1042 entsprechend dem Original), das überwiegend trochäische Chorlied (V. 1043-1071 = 1189-1215) in trochäischen Dimetern.

133 Dorf in der Nähe von Marathon, dessen Name vielleicht für ein (nicht mehr nachvollziehbares) Wortspiel verwendet ist.

134 Diese Geldsumme reichte zur Ernährung einer Familie für fast ein Jahr.
135 Ein verbündeter Stadtstaat im Süden der Insel Euboia, der gerade ein Truppenkontingent geschickt hatte, in dem sich offenbar ausgehungerte Soldaten befanden.
136 Der Chorführer erklärt sich die Ausbuchtung an den Gewändern der spartanischen Gesandten hier scherzhaft damit, dass diese darunter einen tragbaren Schweinekoben befördern; ein solcher hatte offenbar eine längliche Form.
137 Ringkämpfer beugten sich in der Ausgangsstellung leicht nach vorne, was die Gesandten wohl deshalb tun, weil sie ihre Erektion nicht allein durch die Mäntel verbergen können.
138 Aristophanes spielt mit dem Anklang von *askētikós* (»athletisch übend«) an *askitikós* (»wassersüchtig«), der im Deutschen natürlich nicht nachzumachen ist.
139 Vgl. Anm. 83.
140 Den Hermessäulen in Athen wurden 415 v. Chr. in einer Art politischer Demonstration (weshalb es dann auch einen Prozess gegen die Täter gab) die Gesichter verstümmelt und die Phalloi abgeschlagen.
141 Die Hermenschänder; vgl. Anm. 140.
142 Dem Spartaner, der nicht Lysistrate, aber die Bedeutung ihres Namens kennt (vgl. Anm. 1), ist es einerlei, ob der Friede von einem Mann oder einer Frau vermittelt wird.
143 Anapästische Tetrameter wie im Original (V. 1108-1111).
144 Zitat aus der (verlorenen) Euripides-Tragödie *Die weise Melanippe* (Fragment 483); jambischer Trimeter wie im Original.
145 Sie nennt die drei wichtigsten panhellenischen Kultorte.
146 Zitat aus der (verlorenen) Euripides-Tragödie *Erechtheus* (Fragment 363); jambischer Trimeter wie im Original.
147 Im Jahre 462 v. Chr. baten die Spartaner Athen um Beistand gegen die Messenier, verzichteten aber dann darauf mit der Behauptung, die Hilfstruppe paktiere mit dem Feind.
148 Poseidon.
149 Sie spricht von der mit Hilfe Spartas erfolgten Vertreibung der Tyrannen aus Athen im Jahre 510 v. Chr.

150 Griech. *énkyklon* (»etwa Rundes)« bezieht sich hier auf die Mauer (»*kýklos*«) rund um die Festung Pylos.

151 Pylos (vgl. Anm. 14) klingt im Griechischen an *pýlē* (»Tor, Öffnung«) an, wird also von dem Spartaner als Bezeichnung für den Hintern der »Versöhnung« gewissermaßen umgedeutet. Das Spiel mit geographisch-körperlichen Metaphern setzt sich bis V. 1170 fort.

152 Griech. *kineîn* (vgl. Anm. 118) steht sowohl für »in Unruhe versetzen, in Schwierigkeiten bringen« als auch für das Wort, das in den deutschen Text gesetzt wurde, weil es neben der Grundbedeutung diejenige von »zu Leibe rücken, fertigmachen« annehmen kann.

153 Echinos (»Igel«), eine Stadt am malischen Meerbusen (griech. *kólpos*, was auch »Vagina« bedeuten kann; damit wird hier gespielt), war 414 v.Chr. an Sparta übergegangen.

154 Als Schenkel werden hier die langen Mauern bezeichnet, welche die von den Spartanern besetzte Stadt Megara mit dem von den Athenern besetzten Hafen Nisaia verbanden.

155 Der Athener möchte wieder wie vor dem Krieg in Frieden sein Feld bestellen, wozu er sich gemäß einer Anweisung in Hesiod, *Werke und Tage* 391ff. entkleiden soll; *geōrgeîn* (»Ackerbau treiben«) kann aber auch für sexuelle Aktivität stehen.

156 Das spartanische Wort *kopragōgên* (»odeln« = bair.-österr. für »düngen«) stellt die assoziative Verbindung zu Analsex her.

157 Vgl. Anm. 135.

158 So heißt hier der Sklave – wie schon der des Kinesias.

159 Diesen und die beiden folgenden Sätze spricht der Schauspieler mit Blick auf das Publikum, durchbricht also vorübergehend die Illusion der Bühnenhandlung und spielt »Metatheater« (vgl. dazu die Einleitung S. 18 und 21f.).

160 Anspielung auf Themen von Skolien (Trinkliedern), die man beim Gelage ertönen ließ; hier geht es um den Fall, dass man versehentlich zur Melodie des einen Liedes den Text des anderen sang.

161 Er hat bisher den Chor begleitet.

162 Das Lied, im Original überwiegend in Trochäen, ist durchgehend in diesem Metrum wiedergegeben.

163 Er meint vermutlich sich selbst.

164 Mnemosyne (»Erinnerung«) ist die Mutter der Musen.

165 Während bei Artemision die Athener im Sommer 480 v. Chr. die persische Flotte besiegten, half das aus 300 Mann bestehende Kontingent des Spartanerkönigs Leonidas bei der Verteidigung des Thermopylenpasses; dabei wurde er, weil Ephialtes ihn an die Perser verriet und diese seine Stellung umgingen, zusammen mit allen seinen Mitkämpfern getötet.

166 Artemis, die Göttin der Jagd.

167 Gemeint sind wahrscheinlich skrupellose Politiker in Athen und Sparta, die den Vertrag unterlaufen könnten.

168 V. 1279-1290 und 1296-1315 sind in Anapästen, 1291-1294 jambisch und 1316-1321 (entsprechend dem Original) in jambischen Tetrametern wiedergegeben.

169 Apollon, Zwillingsbruder der Artemis und unter anderem Gott der Heilkunst.

170 Dionysos, der Weingott, der gerne mit dem (nicht lokalisierbaren) Berg Nysa in Verbindung gebracht wird.

171 Frauen im Gefolge des Dionysos, die bei seinen Orgien in Ekstase geraten.

172 Hera.

173 Im Originaltext die personifizierte *hēsychía* (»Ruhe«); ihr Beiwort ist wohl eher *aganóphrōn* (»milde gesonnen«) – so Henderson –, nicht *megalóphrōn* (»mit hohem Sinn«), was Sommerstein vorzieht.

174 Aphrodite.

175 Das kurze Chorlied enthält mehrere griechische Freudenrufe.

176 Lysistrates in V. 1273-1278 gesprochene Worte, ihr anschließendes Lied (1279-1289) und die kurze Chorstrophe, die Vorfreude auf einen eventuellen Sieg im Komödienwettkampf verrät (1291-1294), enthalten mehrere Formulierungen, die es denkbar erscheinen lassen, dass V. 1273-1294 den ursprünglichen Schluss bildeten; das nachfolgende Lied des Spartaners scheint dagegen als Finale eher ungeeignet (zumal im letzten Vers Athene in ihrer Funktion als Schutzgöttin des Erzfeindes der Athener angerufen wird). M. Revermann vermutet deshalb, V. 1295-1321 seien für

eine Wiederaufführung der *Lysistrate* in Sparta (im 4. Jahrhundert?) von einem Unbekannten hinzugedichtet worden (Comic Business, Oxford 2006, S. 255 ff.).

177 Vgl. Anm. 18.

178 Apollon, dessen Kultort Amyklai in Lakonien lag.

179 Athene hatte einen mit Erzplatten beschlagenen Tempel in Sparta.

180 Die Dioskuren Kastor und Polydeukes.

181 Der Fluss, an dem Sparta liegt.

182 Helena, Tochter der Leda und Gattin des Spartanerkönigs Menelaos.

183 Sommerstein, der den überlieferten Schluss für authentisch hält (vgl. aber Anm. 176), nimmt an, im Text erscheine das Preislied, das V. 1320 ff. ankündigt, deshalb nicht, weil es auch am Ende anderer Komödien erklang und nicht vom Dichter stammte.

184 Das erste Erscheinen einer Schwalbe galt als Zeichen dafür, dass es Frühling wurde. Der Verwandte meint also: »Komm ich endlich mal in eine bessere Situation?«

185 Er hat Seitenstiche (die Milz sitzt an der linken Körperseite in Bauchhöhe).

186 Diese Bemerkung des Euripides löst einen »Disput« von 18 Versen (5-21) über die Dialektik von Hören und Sehen aus, durch den Aristophanes die zu seiner Zeit angestellten kosmologischen und sophistischen Erörterungen vorsokratischer Philosophen parodiert. Weil Euripides in seinen Tragödien den Einfluss solcher Überlegungen verrät, eignet er sich gut als Zielscheibe dieser Art von Spott. In Fragment 877 und 941 (R. Kannicht [Hrsg.], Tragicorum Graecorum Fragmenta. Vol. 5: Euripides. 2 Bde. Göttingen 2004) wird z.B. der Äther (der in unserem Text offenbar als Partner der Erde, aber auch selbst »in sich«, d.h. »in seinem Schoß« Lebewesen zeugt) mit Zeus identifiziert.

187 Weil er dann nicht mehr mit Euripides herumlaufen müsste.

188 Agathon (2. Hälfte 5. Jh. v. Chr.) war nicht nur als Dichter der Avantgarde, sondern auch wegen seines guten Aussehens und seiner Vorliebe dafür, in homoerotischen Beziehungen den passiven Part zu übernehmen, bekannt. Von seinen Tragödien sind nur Fragmente überliefert, aber er wurde dadurch berühmt, dass sein

Sieg im Tragödienwettbewerb an den Lenäen des Jahres 416 v. Chr. Anlass für das Gastmahl war, das den Hintergrund zu Platons *Symposion* liefert.

189 In einer Kohlenpfanne, in der die Myrtenzweige für die Opferzeremonie verbrannt werden.

190 Der Sklave spricht höchst pathetisch in anapästischen Dimetern, wobei der Verwandte (in V. 45 auch einmal Euripides) sich gelegentlich im selben Metrum einschaltet (V. 39-62).

191 Es folgen verschiedene, sehr gesuchte und deshalb komische Metaphern für das Verfassen rhetorisch ausgearbeiteter Poesie. Mit »macht aus Wachs ein Modell und rundet es ab, gießt die Form aus« spielt Aristophanes offensichtlich auf das Wachsausschmelzverfahren an. Dabei wird u. a. ein Gegenstand aus Wachs modelliert und durch Ummantelung und Ausschmelzung ein Formhohlraum geschaffen, in den man geschmolzenes Metall gießt.

192 Komische Verwendung einiger der von dem Sklaven gebrauchten Worte für eine kaum noch verständliche Metaphorik der analen Penetration.

193 Vermutlich Zitat eines (verlorenen) Euripides-Verses (hier wie im Original im jambischen Trimeter).

194 Vgl. die Einleitung S. 15.

195 D. h. der erste Preis. Einen *pyramoûs*, der aus geröstetem Weizen und Honig zubereitet war, bekam man beim Symposion als Preis für verschiedene Leistungen, z. B. wenn man bis zum Morgengrauen wach blieb.

196 Beim Ekkyklema handelte es sich um eine Plattform auf Rollen. Mit ihr wurden in der Tragödie Szenen, die das Ergebnis einer hinter der Bühne erfolgten Handlung (z. B. der Tötung einer Person) als Tableau darboten (in einem solchen Falle die aufgebahrte Leiche), aus dem Bühnenhaus den Zuschauern vor Augen gebracht. In der Komödie setzte man dieses Gerät als Mittel der Tragödienparodie ein.

197 Eine athenische Hetäre.

198 Der Verwandte meint damit die Windungen und Schnörkel der Melodie Agathons.

199 Agathon, der Falsett singt und sich selbst auf der Lyra begleitet,

übernimmt dabei abwechselnd die Rolle einer Priesterin als einer Chorführerin und eines Chors trojanischer Mädchen, die feiern, nachdem die Griechen ihre Belagerung aufgehoben haben. Das größtenteils in Ionikern (∪ ∪ — —) verfasste Lied hat in der Übersetzung überwiegend anapästischen Rhythmus.

200 Demeter und Persephone, die Göttinnen des Thesmophorienfestes.

201 Apollo erbaute zusammen mit Poseidon die Mauern Trojas in der Landschaft Troas, durch die der Simoeis fließt.

202 Gemeint ist die aus Kleinasien stammende Kitharis, ein Saiteninstrument.

203 Die drei Göttinnen der Anmut erscheinen hier als Bewohnerinnen der Landschaft, in der auch der Chor lebt.

204 Mit den Handschriften und gegen Sommerstein (der eine Konjektur Nietzsches übernimmt) wird hier von der Lesart *hametéras* ausgegangen.

205 Zeugungsgöttinnen, die aber auch im Zusammenhang mit weiblichem Sexualverlangen angerufen wurden.

206 Die Abfolge »junger Mann«/»was für eine ...« schafft ein amüsantes Oxymoron.

207 Wörtliches Zitat eines Verses aus den *Edonen* (Frg. 61 in: S. Radt [Hrsg.], Tragicorum Graecorum Fragmenta. Vol. 3: Aeschylus. Göttingen, 2. Aufl. 2009; hier in der metrischen Wiedergabe durch O. Werner [Hrsg.], Aischylos. Sämtliche Tragödien und Fragmente, München/Zürich ⁴1988), der ersten Tragödie innerhalb der *Lykurgie*, einer (verlorenen) Tetralogie des Aischylos (s. Anm. 28); dort wird Dionysos von König Lykurg wegen seiner femininen Erscheinung verspottet.

208 Saiteninstrument, einer Lyra ähnlich.

209 Phaidra galt, weil sie ihren Mann Theseus mit ihrem Stiefsohn Hippolytos betrügen wollte (so im *Hippolytos* des Euripides), als besonders lasziv und wird deshalb hier mit Prostituierten, zu denen nach allgemeiner Auffassung die Reiterstellung beim Koitus am besten passte, auf eine Stufe gestellt.

210 Er meint ein Satyrspiel, das Teil 4 der Tetralogie eines Tragödiendichters bildete. Darin trugen die Satyrn, pferdegestaltige Natur-

dämonen, die den Chor bildeten, u.a. einen beweglichen Lederphallus.

211 Lyrische Dichter des 6. Jahrhunderts, die besonders für ihre erotische Poesie bekannt waren.

212 Tragödiendichter und älterer Kollege des Aischylos (s. Anm. 28). Da der Verwandte ein alter Mann ist, kann er ihn noch erlebt haben.

213 Die drei in V. 168-170 Genannten waren Tragödiendichter, deren Stücke verloren sind.

214 Agathon hatte gesagt, er habe sich selbst »behandelt«. Das entsprechende griechische Verb *therapeúein* bezeichnet hier kosmetische Behandlung. Es heißt aber auch »medizinisch behandeln«, und deshalb will der Verwandte offenbar wissen, ob Agathon sich seiner femininen Art zu dichten durch Selbstkastration angepasst hat.

215 Euripides, *Aiolos*, Fragment 28 Kannicht (vgl. Anm. 186).

216 Euripides, *Alkestis* 691. So antwortet Pheres auf die Bitte seines Sohnes Admet, für ihn sein Leben zu opfern.

217 D.h. ihnen Konkurrenz im sexuellen Bereich machen.

218 Gemeint ist ein Heiligtum der Eumeniden nahe dem Areopag, das Schutz vor Verfolgern bot.

219 Griech. *psilós* bedeutet »glatt geschoren« und »leicht bewaffnet«. Da in Athen bei den leichtbewaffneten Truppen keine Vollbürger dienten, empfindet der Verwandte seinen Zustand als Schande.

220 Vgl. Anm. 83.

221 Das rief man, wenn es brannte.

222 Fast wörtliches Zitat von Euripides, *Weise Melanippe*, Frg. 487 Kannicht (vgl. Anm. 186); dort heißt es: »Ich schwör beim heil'gen Äther ...«.

223 Da der Äther für den Verwandten kein Gott ist (aber s. Anm. 186), wäre für ihn ein Schwur bei einem Sterblichen wie dem Hausbesitzer Hippokrates (dessen Identität nicht näher bestimmbar ist) ebenso gut, d.h. auch unwirksam.

224 Anspielung auf einen berühmten Euripides-Vers, *Hippolytos* 612: »Meine Zunge schwor, mein Herz aber ist frei vom Schwur.« Das sagt Hippolytos (s. Anm. 209) zu Phaidras Amme, nachdem diese

ihn, bevor sie ihm vom Liebesverlangen ihrer Herrin erzählt, darum gebeten hat, sich eidlich zum Schweigen zu verpflichten.

225 Wahrscheinlich zu dem Thesmophorentempel, der wohl höher gelegen ist.

226 Attischer Name für Demeters Tochter Persephone.

227 Die Tochter und der Sohn tragen im Griechischen Namen, die für das weibliche bzw. männliche Geschlechtsteil verwendet werden.

228 Das von Kritylla, der Priesterin der Thesmophoren, gesprochene Eröffnungsgebet ist auch im griechischen Original in Prosa wiedergegeben.

229 Plutos ist der Gott des Reichtums, Kalligeneia (»schöne Geburt«) die Göttin des dritten Tages der Thesmophorien und wie Kurotrophos (»Kinderernährerin«) in ihrer Funktion nicht näher bestimmbar. Die drei Chariten sind die Göttinnen der Anmut.

230 Paian ist Apollon, aber der Ruf kann an jede Gottheit gerichtet sein und drückt Festesfreude aus.

231 Wie im Originaltext wechseln in der Wiedergabe des Liedes Jamben mit Daktylen und Anapästen.

232 Apollon.

233 Pallas Athene.

234 Artemis.

235 Gemeint sind jedesmal Götter, nicht Bewohner der genannten Orte.

236 Die Perser, der Erzfeind der Athener.

237 Der überwiegend jambische Rhythmus wurde hier in vereinfachter Form nachgeahmt.

238 In der athenischen Volksversammlung, deren Ritual hier imitiert wird, setzte, wer eine Rede hielt, einen Kranz auf.

239 Jambische Tetrameter wie im Original.

240 Vgl. Anm. 6.

241 Diese Herkunft wurde Euripides von den Komödiendichtern immer wieder unterstellt.

242 Gemeint sind die Holzbänke, auf denen die Zuschauer im athenischen Dionysostheater saßen.

243 Offenbar eine uns nicht mehr verständliche Anspielung auf eine nicht erhaltene Tragödienszene.

244 Anspielung auf Euripides' (verlorene) Tragödie *Stheneboia*, worin es um die Liebe der mit König Proitos verheirateten Titelheldin zu seinem jungen Gastfreund Bellerophontes geht.
245 Er vermutet offenbar, dass sie schwanger ist. Auch dieser Vers dürfte so oder ähnlich in einer verlorenen Euripides-Tragödie gestanden haben.
246 Euripides, *Phoenix*, Frg. 804,3 Kannicht (vgl. Anm. 186).
247 Die Versiegelung erfolgte mit Ton, in den ein Abdruck mit einem Siegelring gemacht wurde.
248 Besonders wilde Hunde aus Molossia in Epeiros.
249 D. h. das Duplikat eines solchen.
250 Die Wurmlöcher verhinderten die Herstellung einer Kopie.
251 Das Metrum ist hier wie in V. 459-466 überwiegend trochäisch.
252 Vgl. Anm. 213.
253 Sie wurden auf Götterbilder gelegt. Zu Euripides als einem vermeintlichen (unter dem Einfluss von Naturphilosophen und Sophisten stehenden) Atheisten vgl. Anm. 186.
254 Vgl. Anm. 241.
255 Damit sie nicht quietscht, wenn sie geöffnet wird.
256 Ein Altar Apollons als des »Gottes der Straße« stand in Athen vor vielen Häusern. Die hier beschriebene Szene soll vielleicht den Mythos von Leto evozieren: Sie gebiert auf Delos Apollon und Artemis, während sie sich, nach vorne gebeugt, an einem Lorbeerbaum festhält.
257 Dort musste wegen der von Dekeleia ausgehenden Bedrohung – die Spartaner, Athens Hauptgegner im seit 431 andauernden Peloponnesischen Krieg, hatten den nur 25 Kilometer von Athen entfernten Ort im Frühjahr 413 erobert – Wache gehalten werden (vgl. dazu die Einleitung S. 14 f.).
258 Vgl. Anm. 209.
259 Das Metrum entspricht im Original demjenigen von V. 433-442 (s. Anm. 251).
260 In dem Sprichwort steht »Skorpion« statt Redner.
261 V. 531-573 sind in katalektischen jambischen Tetrametern abgefasst, aber nur die von der Chorführerin gesprochenen Verse wurden hier metrisch wiedergegeben.

262 Vgl. Anm. 61.
263 Zu ergänzen ist vermutlich: »bereit ist, sie zu bestrafen.« Offenbar ist der Satz an das Publikum gerichtet. Dort sitzen wahrscheinlich nur Männer, die eigentlich allein dafür in Frage kämen, eine Strafe zu vollziehen.
264 Melanippe, Protagonistin in zwei (verlorenen) Euripides-Tragödien, wurde von Poseidon vergewaltigt, gebar von ihm zwei Söhne und wurde von ihrem Vater wegen Unkeuschheit angeklagt. Zu Phaidra s. Anm. 209.
265 Die Frau des Titelhelden in Homers *Odyssee*.
266 »Absaugen« ist metaphorisch zu verstehen. Denn das Korn kratzte man aus den Behältern, in denen es aufbewahrt wurde, mit dem Striegel heraus, mit dem man sich mit Schweiß vermischtes Öl abzureiben pflegte.
267 Ein im Monat Pyanepsion (etwa Oktober) gefeiertes Fest für die attischen Phratrien, religiöse Gemeinschaften, die sich aus einzelnen Familienverbänden zusammensetzten.
268 Bewohnerin des attischen Gaus Acharnai.
269 Im Original der attische Gau Kothokidai, der offensichtlich wegen des Anklangs an *kothēma* (»Schwanz«) gewählt ist.
270 Die Frauen wohnten während der Thesmophorien in Zelten.
271 Dies kann der Verwandte leicht erraten, da in der Antike entsprechend einem besonders durch Komödie und Epigramme verbreiteten Vorurteil Frauen als trunksüchtig galten (vgl. auch *Lysistrate* 200ff.). Hier und an anderen Stellen der Komödie verraten die beim Thesmophorienfest versammelten Damen immer wieder unfreiwillig, dass misogyne Äußerungen über das weibliche Geschlecht, wie sie sie Euripides unterstellen, das Richtige treffen. Das ist vom Autor natürlich als Witz gemeint; die Komik der *Thesmophoriazusen* lebt ganz wesentlich von dieser Art Humor.
272 Anspielung auf eine hölzerne Bahn über den Isthmos von Korinth, auf dem Schiffe zwischen korinthischem und saronischem Golf hin und her gezogen werden konnten. Außerdem kann *isthmós* auch »Damm (zwischen Penis und Anus)« bedeuten.
273 500 Ratsherren, von denen je 50 aus den zehn »Stämmen« Attikas, den Phylen, in die nur für ein Jahr gewählte *boulḗ* (Ratsver-

sammlung) Athens entsandt wurden. Sie wechselten zehnmal im Jahr, täglich übernahm ein anderer, vom Los dazu bestimmt, den Vorsitz, und sie hatten vor allem die Aufgabe, jeden Antrag, der an die Volksversammlung, den obersten Souverän des Stadtstaates, gestellt wurde, vorher zu beraten. Mindestens 16 von ihnen mussten in der Tholos, einem Gebäude auf der Westseite des Marktplatzes, der *agorá*, rund um die Uhr dienstlich tätig sein.

274 655-658: katalektische anapästische Tetrameter; 659-662: katalektische trochäische Tetrameter (so auch wieder 687 ff.).

275 Westlich von der Akropolis in Athen gelegene Felskuppe, auf der die Volksversammlungen und vermutlich das Thesmophorienfest abgehalten wurden.

276 663-666 ist hier in trochäischen, 667-686 in anapästischen Dimetern wiedergegeben.

277 Sie liegen auf dem Altar.

278 Vermutlich eine Parodie auf Verse in Euripides' *Telephos*; zum Inhalt der Tragödie vgl. die Einleitung S. 19. Aristophanes parodiert hier die Szene, in welcher der König den kleinen Orestes als Geisel nimmt. Dort bleibt dieser am Leben, weil die Griechen sich mit Telephos versöhnen, Mikas »Kind« dagegen muss »sterben«.

279 Die Griechen pflegten ein Denkmal als Zeichen eines erfochtenen Sieges auf dem Kampfplatz zu errichten.

280 Im Original wie hier Dochmien (∪ — — ∪ —), die in der Tragödie hohes Pathos besonders eindrucksvoll untermalen.

281 702-706: katalektische trochäische Tetrameter; so auch wieder in 726 ff.

282 In den Versen 707-725, die stark an diejenigen einer Tragödie anklingen, wechseln wie dort in bewegten Szenen die Metren mehrfach. 707-713: anapästische Dimeter; 714: katalektischer trochäischer Tetrameter; 715 ff.: je zwei Dochmien; 717: jambischer Dimeter + Baccheus; 718-721: jambische Dimeter; 722: jambischer Dimeter + Baccheus; 723-725: drei Dochmien.

283 Er nimmt also an, dass das »Kind« ein Mädchen sei.

284 Solche Schuhe, die normalerweise von Frauen getragen wurden, »trägt« auch der Weinschlauch auf der Vase im Würzburger Martin-Wagner-Museum (H 5697), die wahrscheinlich die durch

V. 753-756 repräsentierte Szene festhält (vgl. die Abbildung in Sommersteins Kommentar S. ii und dazu dort S. 12).

285 Wenn die Frauen in ihrer Trunkenheit mit diesen Dingen umgehen, werden sie beschädigt.

286 Zehn Monate dauerte nach antiker Auffassung eine Schwangerschaft.

287 Ein Kotylos entsprach etwa 270 Millilitern. Der Verwandte fragt hier offenbar nach dem Mischverhältnis von Wein und Wasser.

288 Die *Choes* am zweiten Tag des Anthesterienfestes. Der Verwandte bemisst das Alter des »Kindes« nach der Zahl der Kannenfeste, die seit dem Abfüllen des Weins vergingen.

289 Wenn drei Anthesterien vergangen sind und das »Kind« an den Großen Dionysien (vgl. die Einleitung S. 14), die einen Monat nach den Anthesterien gefeiert wurden, geboren ist, zählt es, da das Thesmophorienfest sieben Monate später stattzufinden pflegte, drei Jahre und sieben Monate.

290 Er meint den Apollon Agyieus; s. Anm. 256.

291 Griech. *ekkoréō* bedeutet »ausfegen, ruinieren«, aber hier haben wir ein Wortspiel mit *kórē* (»Mädchen, Tochter«).

292 In dieser (verlorenen) Tragödie von 415 v. Chr. wurde der Titelheld, Trojakämpfer und Erfinder der Schrift, fälschlich des Verrats angeklagt und gesteinigt. Sein Bruder schrieb dies auf Ruderblätter und ließ sie vom Meer zu dem Vater in Griechenland tragen.

293 Die nachfolgende Arie, offenbar eine Parodie auf eine solche im *Palamedes*, ist in Anapästen abgefasst.

294 Vermutlich für den Namen Euripides.

295 Die hier beginnende Parabase (dazu vgl. die Einleitung S. 21 f.) besteht aus katalektischen anapästischen Tetrametern (V. 785-813), anapästischen Dimetern (V. 814-829) und katalektischen trochäischen Tetrametern (V. 830-845).

296 Im Folgenden wird mit der Bedeutung der einzelnen Namen gespielt: Nausímache, die »Seeschlacht«, »besiegt« den athenischen Flottenkommandeur Charmínos, der im Jahr zuvor eine Seeschlacht verlor; Kléophon, ein Demagoge, muss Salabákcho einfach deswegen unterlegen sein, weil sie eine dem Volk wirklich nützliche Hetäre ist; Aristómache, die »Schlachtenbeste« (die hier

für die berühmte Schlacht bei Marathon steht, in der 490 v. Chr. die Griechen die Perser besiegten) und Stratoníke, die »Heersiegerin«, übertreffen alle Männer, und Eubúle, »Rategute«, ist besser als ein Ratsherr.

297 Offenbar Anspielung darauf, dass ein hoher Beamter, welcher der Unterschlagung überführt worden war, dennoch die Stirn hatte, in der Prozession an den Panathenäen zu Ehren der Athene, die er beraubt hatte, mit Pferd und Wagen zur Akropolis hinaufzufahren.

298 Was immer hier mit *kanṓn* gemeint ist (schon die antiken Erklärer wussten es nicht genau), es kommt Aristophanes darauf an, dass er den Begriff in V. 825 im Sinne von »Speer« und danach auch noch »Sonnenschirm« im Sinne von »Schild« verwendet, um durch das Wortspiel die Tätigkeiten von Frauen und Männern pointiert miteinander zu konfrontieren.

299 Wie die Thesmophorien zu Ehren Demeters und Persephones gestiftet, wurden die Stenien etwa im Oktober kurz vor den Thesmophorien und die Skiren etwa im Juni begangen.

300 D. h. mit der Frisur der Sklaven.

301 Er war ein in den Komödien des Aristophanes mehrfach geschmähter Demagoge, während der (früher ebenfalls verspottete) Stratege Lamachos hier ehrenvoll erwähnt wird – vermutlich weil er bei der Sizilischen Expedition den Heldentod gefunden hatte.

302 Griech. *tókos* bedeutet »Sohn« und »Zinsen«, und das (kaum noch verwendete) deutsche Wort »hecken« wird sowohl für »gebären« als auch für »hervorbringen von Zinsen« gebraucht.

303 Diese 412 v. Chr. dargebotene Tragödie setzt voraus, dass die nach Troja entführte Helena ein Phantom war, die echte Frau des Menelaos sich dagegen während des Krieges im Palast des ägyptischen Königs Proteus aufhielt und nach dessen Tod von seinem Sohn Theoklymenos zur Frau begehrt wird. Die Haupthandlung besteht darin, dass Menelaos, der auf der Heimreise von einem Sturm nach Ägypten verschlagen wird, seine Gattin, die am Grab des Königs Zuflucht genommen hat – es schützt sie wie sonst ein Altar vor Gewalt (vgl. Anm. 310) –, mit Hilfe der ägyptischen Seherin Theonoë, der Schwester des Theoklymenos, befreit.

304 V. 1-3 der *Helena* mit komischer Verballhornung von V. 3 nach

dem ersten Wort. Bei den im Folgenden von Euripides gesprochenen Versen handelt es sich teils um wörtliche Zitate (vgl. Anm. 306) – sie sind im Text durch Anführungszeichen markiert – teils um komische Zutaten zur *Helena*-Szenerie.

305 Vgl. Anm. 62.

306 ~ *Helena* 16-17a. Im Folgenden zitiert der Verwandte V. 22a = 862a, 52 ff. = 864-865a, 49 = 866, 56a ~ 868a, 68 = 871, 460 ~ 874, 461 ~ 878, 466 ~ 886, 549 ~ 904, (72+)557 ~ 905, 558 = 906, 561-563 = 907-909, 564 ~ 910, 565 = 911, 566 ~ 912.

307 Ein sprichwörtlicher Schurke.

308 Der Skamander ist ein Fluß in der Landschaft Troas.

309 Ein Stratege unter Perikles.

310 Das Grabmal des Proteus wird von Menelaos in der *Helena* einmal als Altar bezeichnet (V. 800), der Verwandte dagegen sitzt auf einem Altar, der als solcher eine Funktion in der Komödie hat.

311 »An den Wangen entehrt« ist Helena, weil sie nun unschicklicherweise als Frau von einem fremden Mann ohne ihr Kopftuch erblickt wird, zugleich aber auch der Verwandte, da seine Wangen rasiert sind.

312 Dass »Menelaos« hier Fetzen von Segeltuch trägt, kennzeichnet ihn als Schiffbrüchigen. Aber Aristophanes macht sich hier und auch sonst mehrfach darüber lustig, dass der Tragödiendichter manchen seiner Helden (z. B. Telephos; vgl. die Einleitung S. 18 f.) in Lumpen auftreten ließ.

313 »Arme« (*chéras*) bei Euripides ist bei Aristophanes durch *escháras* ersetzt, das nicht nur das Wort für »Herd«, sondern auch ein Vulgärausdruck für die weibliche Scham ist.

314 Mit den Versen 913-916 erreicht die Tragödienszene ihr höchstes Pathos. Im Original erscheinen hier fünf nahezu ganz in Kürzen aufgelöste Dochmien (vgl. Anm. 280), was im Deutschen nicht nachzuahmen ist.

315 Vgl. Anm. 26.

316 Sprichwörtlich, hier im Sinne von »Dieser Trick (das Helena-Spiel) hat nichts bewirkt.«

317 Eine Art Marterpfahl als Mittel der Exekution. Der zum Tode Verurteilte wurde mit einem eisernen Kragen um den Hals und Klam-

mern an Hand- und Fußgelenken daran befestigt und konnte, nachdem das Brett aufgestellt war, mit den Füßen den Boden nicht berühren. Er erlitt so ein qualvolles Sterben durch Hunger, Durst und Entkräftung, das sich länger als einen Tag hinziehen konnte.

318 Anspielung auf die aus Segeltuch bestehenden Lumpen des schiffbrüchigen Menelaos, aber auch wohl Überraschungspointe, da man ein Synonym zu *panoûrgos* (»Ränkeschmied, Schurke«) erwartet. Seeger schreibt »Segelaufschneider«.

319 947 ff.: katalektische anapästische Tetrameter; 949-952: anapästische Dimeter.

320 Ein zeitgenössischer Maler und Karikaturist, der als Hungerleider schon von selber fastete (vgl. Anm. 324).

321 In dem Chorlied folgen auf eine Auftaktstrophe (V. 953-958) drei Strophenpaare (959-961 = 962-965; 969-976 = 977-984; 990-994b ~ 995-1000), die durch Zwischenstrophen (966-968; 985-989) verknüpft sind. In allen Strophen wechseln verschiedene Metren miteinander ab; würde man eine genaue deutsche Entsprechung versuchen, müsste man zu frei übersetzen. Die vorliegende Wiedergabe bemüht sich darum, dem Rhythmus des Originals nahezukommen; außerdem weisen die Strophenpaare auch in der deutschen Fassung jeweils metrische Responsion auf.

322 Apollon.

323 Sowohl die Chorsängerinnen als auch die von ihnen besungenen Götter freuen sich an dem Tanz.

324 Gefastet wurde am zweiten der drei Tage des Thesmophorienfestes, an dem die *Thesmophoriazusen* spielen.

325 Dionysos, der nach »euoi!«, dem rituellen Ruf seiner Anhänger, Euios und als lärmender Gott Bromios genannt wird.

326 Thebanische Königstochter und Geliebte des Zeus.

327 Gebirge zwischen Attika und Boiotien.

328 Er spricht als Skythe mit starkem Akzent und macht Sprachfehler.

329 Protagonistin der (verlorenen) gleichnamigen Tragödie, die Euripides 412 zusammen mit der *Helena* aufführen ließ. Andromeda, dem Mythos zufolge von ihrem Vater, der den ihm zürnenden Meergott Poseidon versöhnen möchte, an einen Felsen geschmie-

det und so einem Seeungeheuer zum Fraß preisgegeben, wird von dem jungen Helden Perseus befreit, dessen Hut und Sandalen geflügelt sind und der das Monstrum angreift und tötet. Das Stück begann mit einem Klagegesang der festgeschmiedeten Andromeda, auf den die Nymphe Echo antwortete; daran schloss sich der Einzug eines Mädchenchors an, dessen Wechselgesang mit der Protagonistin sowie eine von ihr (vermutlich in dieser Szene) gesungene Soloarie.

330 Der Verwandte beginnt mit Andromedas Arie, wobei wie in der *Helena*-Szene wörtliche Euripides-Zitate (hier, soweit erkennbar, wieder durch Anführungsstriche markiert) mit komischen Verballhornungen wechseln. Das Versmaß ist überwiegend jambisch/trochäisch und am Ende überwiegend daktylisch, was die Wiedergabe, so weit es geht, berücksichtigt.

331 Echo. Der Verwandte, der uns hier als Ansprechpartner den Chor imaginieren lässt, wird erst später – in Umkehrung der Abfolge bei Euripides (vgl. Anm. 329) – seinen »Dialog« mit Echo führen.

332 Griech. *kēmòn échousa* ersetzt vielleicht *kômon ágousa* (»eine Schar anführend«) bei Euripides. Wie Andromeda viel im Chor getanzt und gesungen hat, so hat der Verwandte als einer der athenischen Geschworenen sicher oft die Stimmurne gehalten.

333 Ein stadtbekannter Schlemmer.

334 Gemeint ist der Wettkampf der Tragödiendichter.

335 V. 1065-1097 sind im anapästischen Metrum, überwiegend in Dimetern, verfasst.

336 Der bekannte Berg ist hier mit dem Himmel gleichgesetzt.

337 Hier wird der Schauspieler, nicht die von ihm verkörperte Rolle angesprochen.

338 Der Skythe sagt im Originaltext *ou kairḗseis* (»Du wirst dich nicht freuen«, d. h. »das wird dir leid tun – ich erwisch dich schon«). Das wird durch Echo mit *ouk (h)airḗseis* (»Du wirst mich nicht kriegen«) wiedergegeben, was im Deutschen nicht nachzumachen ist. Deshalb wurde *ou chairḗseis* durch »Du nix mir fick«, d. h. »du kannst mich nicht zum Narren halten – ich erwisch dich schon« übersetzt.

339 Wieder werden im Folgenden Zitate aus der *Andromeda* des Euri-

pides, soweit dies erkennbar ist, durch Anführungszeichen markiert.

340 In Argos auf der Peloponnes ist Perseus geboren. Der Überlieferung zufolge befindet er sich auf dem Wege nach Seriphos, dessen König Polydektes Perseus' Mutter Danaë dazu zwingen will, ihn zu heiraten; in der Hoffnung, ihren ihn bedrohenden Sohn loszuwerden, hat er diesen beauftragt, das Haupt der Gorgo, deren Anblick versteinert, zu holen.

341 Der Bogenschütze verwechselt die Gorgo mit Gorgos, einer nicht eindeutig zu identifizierenden Person.

342 Gelegentlich verwendet der Bogenschütze für den Verwandten, der ja noch seine Frauenkleidung trägt, auch das weibliche Geschlecht.

343 Griech. *sŷkon* (»Feige«) kann für die Vagina, *sykê* (»Feigenbaum«) für das männliche Glied stehen. Der Skythe meint das zweite, sagt aber, weil er ja ein Frauenkleid hochgezogen hat, das andere.

344 Euripides, *Medea* 298. Es sind Worte der »Barbarin« Medea gegenüber Kreon, einem Griechen.

345 Überwiegend Daktylen, in V. 1141 ff. und 1145-1147 auch Glykoneen bzw. Pherekrateen (— — — ∪ ∪ — ∪ x bzw. — — — ∪ ∪ — x; die jeweils zweite Silbe kann auch kurz sein), deren Rhythmus in der Wiedergabe möglichst genau nachgeahmt ist.

346 Der Name »Kleines Reh« passt zu einer geschmeidig tanzenden jungen Frau.

347 »Holzwurm« passt ebenfalls sehr gut, da die Vielfalt der von einem Holzwurm gebohrten Löcher der Virtuosität dieses Flötenspielers entspricht.

348 Also eine orientalische und entsprechend exotische Weise, die einen Skythen zu stimulieren in der Lage ist.

349 Honig von dem attischen Berg Hymettos galt in der Antike als der beste.

350 Das ist ein sehr hoher Preis.

351 Er wird hier als Gott der Diebe und der Täuschung angesprochen.

352 Im Griechischen ein Wortspiel mit *sybḗnē* (»Bogenkasten«) und *katabinéo* (»verficken«).

353 1227-1231: Anapäste.

Literaturhinweise

Griechischer Text:

Aristophanis Fabulae recognovit brevique adnotatione critica instruxit N. G. Wilson. 1: Acharnenses Equites Nubes Vespae Pax Aves. 2: Lysistrata Thesmophoriazusae Ranae Ecclesiazusae Plutus. Oxford 2007 (Scriptorum Classicorum Bibliotheca Oxoniensis).

The Comedies of Aristophanes. Vol. 7: Lysistrata. With an Introduction, Translation and Notes by A. H. Sommerstein. Warminster 1990. Revised Reprint with Addenda & Updated Bibliography. Ebd. 2007; Vol. 8: Thesmophoriazusae. Edited with Translation and Notes by A. H. Sommerstein. Warminster 1994. Reprinted with Corrections ebd. 2001.

Aristophanes. Edited and Translated by J. Henderson. Vol. 3: Birds, Lysistrata, Women at the Thesmophoria. Cambridge, Mass./London 2000 (Loeb Classical Library 179).

Kommentare:

Aristophanes, Lysistrate. Erklärt v. U. v. Wilamowitz-Moellendorff. Berlin 1927 (Nachdruck ebd. 1958).

Aristophanes, Lysistrate. Edited with Introduction and Commentary by J. Henderson. Oxford 1987.

Aristophanes, Thesmophoriazusae. Edited with Introduction and Commentary by C. Austin and S.D. Olson. Oxford 2004.

Moderne Übersetzung der »Lysistrate«:

Griechisches Theater. Aischylos. Sophokles. Aristophanes. Menander. Deutsch v. W. Schadewaldt. Frankfurt a.M. 1963 [1983 als Insel Taschenbuch 721 nachgedruckt].

Einführende Literatur:

Holzberg, N.: Aristophanes. Sex und Spott und Politik. München 2010.

Möllendorff, P. v.: Aristophanes. Hildesheim usw. 2002 (Studienbücher Antike 10).

Seel, O.: Aristophanes oder Versuch über Komödie. Stuttgart 1960.
Zimmermann, B.: Die griechische Komödie. Erweiterte und bearbeitete Ausgabe. Frankfurt a.M. 2006.

Untersuchungen (stark beschränkte Auswahl):

Henderson, J.: *Lysistrate*: The Play and Its Themes. In: Yale Classical Studies 26 (1980) S. 153-218.
Hose, M.: Drama und Gesellschaft. Studien zur dramatischen Produktion in Athen am Ende des 5. Jahrhunderts. Stuttgart 1995 (Drama Beiheft 3).
Newiger, H.-J.: Krieg und Frieden in der Komödie des Aristophanes. In: ΔΩΡΗΜΑ. Hans Diller zum 70. Geburtstag. Hrsg. v. K. Vourveris und A. Skiadas. Athen 1975, S. 175-194; auch in: Ders., Theater und Drama. Ausgewählte Schriften zum griechischen Drama. Hrsg. v. M. Erler, M. Hose und B. Zimmermann. Stuttgart 1996, S. 314-329.
Rau, P.: Das Tragödienspiel in den »Thesmophoriazusen«. In: H.-J. Newiger (Hrsg.): Aristophanes und die Alte Komödie. Darmstadt 1975 (Wege der Forschung 265), S. 339-356.
Slater, N.W.: Spectator Politics: Metatheatre and Performance in Aristophanes. Philadelphia 2002.